Mujeres de influencia

El legado de una vida virtuosa

CATHERINE SCHERALDI, EDITORA GENERAL

Mujeres de influencia

El legado de una vida virtuosa

ESPAÑOL
NASHVILLE, TN

B&H Publishing Group
Nashville, TN 37234

Diseño de portada e ilustración: Karin Albrecht

Director editorial: Giancarlo Montemayor
Editor de proyectos: Joel Rosario
Coordinadora de proyectos: Cristina O'Shee

Clasificación Decimal Dewey: 305.4
Clasifíquese: TRABAJO EN IGLESIA CON MUJERES / MUJERES / MINIISTERIO

ISBN: 978-1-0877-5631-8

Impreso en EE. UU.
2 3 4 5 6 7 8 * 26 25 24 23 22

CONTENIDO

INTRODUCCIÓN

En nuestro libro, queremos buscar dónde encajan las cristianas en el liderazgo eclesiástico. Hay muchas y diferentes opiniones, pero la meta de nuestro libro es buscar la opinión de Dios, no la nuestra. Este tema es uno que debemos estudiar en profundidad, porque algunos de los conceptos son abstractos y, a menos que los busquemos, podemos pasarlos por alto. Para entenderlo mejor, es esencial que compilemos lo que está escrito en la Biblia, aquello que los personajes bíblicos hicieron o no hicieron, cómo fue visto por aquellos alrededor y, aún más importante, por Dios. Finalmente, es vital buscar el hilo conductor para llegar a la enseñanza correcta. Esto es justamente lo que hicimos para llegar a nuestras conclusiones.

Antes de comenzar con el primer capítulo, debemos definir: ¿qué es el liderazgo? Es una posición dada por Dios para influenciar o servir a otros, para que Dios pueda cumplir Sus metas en y a través de ellos (Ef. 2:10). Si nos estamos refiriendo a las mujeres, será con relación a otras mujeres y a los niños. El primer principio que debemos recordar es que somos siervas y Jesucristo es nuestro modelo. Algunas de las mentiras que traemos del mundo es que el liderazgo es una forma de reconocimiento, una especie de logro, o el camino hacia el privilegio; ser

1

declarado líder es como ganar un premio o ser identificada entre las superdotadas, cuando la realidad, es un llamado divino, y no porque somos mejores que otras (1 Cor. 1:27-29). Nunca podemos olvidar que no solamente es un privilegio, sino que requiere un alto nivel de compromiso, sacrificio e integridad.

El ministerio está tan orientado a otras que se nos olvida que todo está basado en nuestro caminar con el Señor, nuestra madurez y nuestro carácter. No podemos liderar a menos que seamos obedientes a la voz del Señor, a pesar de lo que otras digan. En ocasiones, esto supondrá quedarse sola, ir contra la cultura y hasta en ocasiones oponernos a lo que nuestras mujeres quieren, cuando es necesario para obedecer a Dios.

Tener el don de liderazgo no es suficiente para liderar. Hace falta un carácter probado, tener un caminar con el Señor y un espíritu humilde y sumiso, reconociendo que eres una hija de Dios. Nuestra obediencia es la demostración de nuestro amor por Él.

Al viajar a diferentes iglesias por las Américas, hemos observado muchas formas diferentes en las cuales las mujeres dirigen, y aunque sabemos que no puede ser igual en cada iglesia, también sabemos que hay principios bíblicos que debemos seguir. La variedad aplicada correctamente depende de varios factores; como el tamaño de la iglesia, la doctrina de la iglesia, el nivel de educación de sus mujeres, la cantidad de mujeres con el don de liderazgo, etc. Sin embargo, no puede ser que la forma en una iglesia sea totalmente opuesta de la otra si ambas son bíblicas. La Biblia no se contradice, y debemos buscar cuáles son los principios que rigen a las mujeres, aunque las formas de implementarlas tengan variaciones. Una forma idéntica en cada iglesia no solamente será imposible, sino que tampoco será sana. Entonces, en obediencia, debemos buscar y seguir los principios bíblicos a pesar de que la forma de implementación sea diferente.

Por lo tanto, ¿cómo podemos saber cuáles son los principios que no pueden faltar? Debemos ser intencionales al estudiar la Biblia para buscarlos. Como en todo en la vida cristiana, antes que nada, debemos orar para buscar la voluntad del Señor y recordar lo que Santiago 4:2 nos dice: «No tenéis, porque no pedís».

Muchas de nosotras hemos aprendido formas de liderar según la cultura en que vivimos y según la iglesia en la que hemos participado, y no las hemos evaluado para averiguar si son bíblicas. Les ruego que, en oración, humildemente le pidan al Señor que les muestre la verdad. Para algunas, su conocimiento será confirmado y, para otras, es posible que Él les muestre que estaba equivocado. En cualquiera de los dos casos, nuestro deseo es que podamos encontrar Su voluntad al buscar Su corazón y luego ser obediente a Él con nuestras vidas, ¡para que Él sea glorificado!

A través de la lectura de este libro, se notará que hemos sido cautelosas al no escribir sobre nuestras ideas ni cómo funcionamos en nuestras iglesias, sino sobre lo que la Biblia nos instruye. Entonces, en cada paso, daremos la enseñanza bíblica y dónde encontrarla.

Creemos que muchos de los errores actuales se deben a que no hemos estudiado profundamente lo que la Biblia enseña sobre este tema, así que queremos hablar un poco sobre cómo poner en contexto lo que estamos leyendo para llegar a las conclusiones correctas. Para comenzar, al estudiar la Biblia, tenemos que darnos cuenta de cual género de la Biblia estamos leyendo e interpretarlo de manera adecuada. Por ejemplo, es imposible estudiar un libro apocalíptico, con escritos simbólicos y que representan algo que ocurrirá, de la misma manera que un libro narrativo, donde hay una historia de lo que ocurrió. Cada libro nos enseña la verdad, pero en formas diferentes, y si no tomamos esto en cuenta, podemos cometer graves errores. Algunas verdades son claras y fáciles de entender, mientras que hay otras en las que tenemos que profundizar más buscando el entendimiento a través de otras referencias más claras. En otros casos, hay verdades que no están escritas en ningún lugar en especifico; sin embargo, al observar la metanarrativa bíblica en una forma global, se hacen obvias. Para dar un ejemplo sencillo, no hay ningún versículo especifico que mencione la Trinidad. No obstante, mientras atravesamos las Escrituras, se puede inferir. Al estudiar sobre el liderazgo femenino, tendremos que sacar conclusiones de ese estilo.

Para profundizar en el conocimiento y entendimiento bíblicos, debemos buscar el concepto a través de toda la Biblia. Comienza en Génesis y sigue buscando en todos los sitios donde lo encuentres hasta llegar a Apocalipsis. La revelación de Dios es dada progresivamente y, con cada encuentro Él, nos da un poquito más de información, aclarando lo que quiere que entendamos. Aunque podría parecer que el Dios del Antiguo Testamento es diferente al del Nuevo Testamento, reconocemos que Jesucristo no cambia (Heb. 13:8), y al estudiar los dos testamentos con un ángulo amplio, se ven claramente las mismas características en ambos. Por ejemplo, he oído a personas decir que El Dios del Antiguo Testamento no es igual del Nuevo;

que el del Antiguo era un juez, mientras que el Dios del Nuevo está lleno de gracia y amor. Al estudiar el Antiguo Testamento, vemos que el hombre cayó tan temprano en la historia como en Génesis 3, y luego vemos a Dios esperando durante generaciones a los judíos, amándolos, enseñándolos, disciplinándolos, rescatándolos y perdonándolos por miles de años. Y, a pesar de que la mayoría nunca lo obedeció, Él mandó a Su Hijo a morir por sus pecados. Y la historia con ellos no se ha terminado, porque vemos que en Romanos 11:25-27, llegará el día cuando ellos verán la verdad, y entrarán en el pacto. Y si evaluamos el Nuevo Testamento, tampoco es todo amor y libre de juicio. Solamente uno tiene que leer el libro de Apocalipsis para ver que Su justicia será ejecutada en un día futuro. Estos tipos de errores ocurren cuando leemos sin conectar los acontecimientos con el resto de lo que está escrito para completar nuestra comprensión.

Para hacerlo más practico, al comenzar a estudiar, primero es esencial buscar lo que el autor original quería decir antes de aplicarlo a nuestra vida actual. Al estudiar cada libro individualmente, es necesario buscar la enseñanza principal y, después de entender esta información, evaluar los principios globalmente. Por ejemplo, primero debemos observar y entender lo que un versículo nos dice. Luego, evaluar cómo este versículo encaja en lo que estaba escrito justo antes y después, para ponerlo en el contexto en el cual estaba escrito. Después buscamos cómo la enseñanza encaja en el capítulo y luego en el libro entero. Cuando tenemos el principio clave, lo conectamos con el resto de la Biblia. Después de todo esto, podemos comenzar a aplicarlo a nuestras vidas. En resumen, cuando ya tenemos los principios, buscamos la forma en que encajan en el capítulo, luego en el libro, después en el Testamento donde lo encontramos y, finalmente, vemos cómo encajan en la Biblia completa. Recientemente, leí que hay personas que afirman que el complementarismo es una respuesta a algunas circunstancias culturales y no bíblicas. Al estudiar la Biblia en la forma en la cual acabo de explicar, es obvio que no es un asunto sociológico sino bíblico, y cambiar, añadir o restar a lo que la Biblia nos enseña es comenzar a transitar un camino que puede ser peligroso (Mat. 15:7-9). Es verdad que algunos hombres no han aplicado el complementarismo en una forma bíblica; sin embargo, las mujeres tampoco hemos aplicado la sumisión bíblica en una forma correcta. Los errores de los seres humanos que poseen naturalezas pecaminosas no niegan la verdad escrita en las Escrituras.

Al leer este libro, verás que cada autora ha usado estos principios para llegar a nuestras conclusiones de cómo las mujeres deben manejarse en la iglesia. La realidad es que nuestro concepto de quién es Dios, cómo funciona y lo que Él nos pide es el marco de referencia de cómo vivimos nuestra fe. Nuestro deseo al escribir este libro no es dar nuestras opiniones sino buscar la voluntad de Dios, a través de lo que Él ha dejado plasmado en Su Palabra. Oramos y confiamos en que Dios abrirá nuestros ojos espirituales, para que cada una de nosotras pueda ser sal y luz en esta tierra, y al hacerlo, glorificarlo en todo lo que hace.

¡Bendiciones!

Catherine Scheraldi

Capítulo 1

LA MUJER EN LA CREACIÓN

Estamos viviendo días de creciente confusión relacionada con el género y los roles dentro de la sociedad y hasta en la iglesia misma. Durante años, hemos estado expuestos a la controversia que ha generado intensos debates sobre cómo definir la verdadera masculinidad y feminidad. Estos debates han sido abordados desde distintos puntos de vista, donde algunos difuminan las distinciones de género dadas por Dios.

De acuerdo al Dr. Wayne Grudem, teólogo, misionero y escritor norteamericano, y quien ha hecho una enorme cantidad de investigación y estudios sobre lo que la Palabra de Dios tiene para decir sobre las similitudes y las diferencias entre el hombre y la mujer, a través de los años, hemos sido bombardeados con la falsa información de que no hay una diferencia real entre el hombre y la mujer excepto por las diferencias físicas que son innegables entre uno y otro, como por ejemplo, que la mujer puede tener hijos y el hombre no. Grudem opina que esta confusión nos roba el gozo de ser un hombre o una mujer y, por lo tanto, el hombre y la mujer están confundidos.

En su libro *Biblical Foundation for Manhood and Womanhood* [Fundamentos bíblicos para la masculinidad y la femineidad], Grudem presenta un resumen de la controversia de la masculinidad-feminidad, presentando seis «temas claves» que debemos mantener en mente en las discusiones de hoy en día. Para el desarrollo de lo que nos concierne, vamos a concentrarnos en los temas uno y dos. El tema número uno es nuestra igualdad en valor y dignidad como hombre y mujer (Gén. 1:26-27). Tenemos que tratarnos con dignidad el uno al otro y vernos como de igual valor, ya que compartimos el privilegio de ser creados a la imagen de Dios.

El tema clave número dos es que los hombres y las mujeres tienen diferentes roles en el matrimonio, no simplemente como una diferencia cultural, sino como parte del orden de la creación. Estos roles fueron establecidos por Dios antes de la caída. Sobre este punto número dos, Grudem da diez razones que muestran en la Biblia el liderazgo masculino antes de la caída:

1. El orden: Adán fue creado primero; después, Eva (Gén. 2:7, 18-23). Luego, Pablo, en 1 Timoteo 2:13, cuando da instrucciones para la mujer cristiana, nos confirma la importancia de este orden en la creación, ya que lo ve como la base para la manera en que el hombre y la mujer se relacionan en la iglesia: «Porque Adán fue creado primero, después Eva».

2. Adán, no Eva, tuvo un papel especial en la representación de la raza humana. A pesar de que fue Eva quien pecó primero, comiendo de la fruta prohibida, la Biblia no nos dice que heredamos la naturaleza pecaminosa por causa de Eva. En 1 Corintios 15:22, leemos: «Porque, así como en Adán todos mueren, también en Cristo todos serán vivificados».

3. Adán es el que le pone nombre a la mujer, y esto lo vemos en Génesis 2:23.

4. Es la designación de la raza humana: Dios nombró al género humano: «hombre» (Gén. 5:1-2). Vemos que Dios no nombró a la raza humana «mujer».

5. La responsabilidad principal: En Génesis 3:9, vemos que, cuando Adán y Eva pecaron, Dios se dirigió al hombre y le dijo: «¿Dónde estás?». Vemos que Dios pensó en Adán como aquel que tenía el rol de líder antes de la caída, y Eva no.

6. El propósito: Eva fue creada como ayuda para Adán; no Adán como ayudante de Eva (Gén. 2:18).

7. El conflicto: La maldición distorsionó los roles anteriores; no introdujo nuevos roles. (Gén. 3:16; 4:7).

8. La restauración: La salvación en Cristo reitera el orden de la creación (Col. 3:18-19).

9. El misterio: Desde el principio de la creación, el matrimonio fue la imagen de la relación entre Cristo y la iglesia (Ef. 5:31).

10. El paralelo con la Trinidad: La igualdad, las diferencias, y la unidad entre hombres y mujeres reflejan las

diferencias, la igualdad y la unidad de la Trinidad (1 Cor. 11:3).[1]

EL DISEÑO PLANEADO POR DIOS.
EN EL PRINCIPIO...

La Biblia nos da muchos ejemplos de mujeres de las que podemos aprender lecciones sobre el papel que Dios tenía en mente para la mujer que con tanto amor había creado. Es de gran ayuda que podamos entender que la mayoría de las mujeres de la Biblia no fueron frágiles y calladas sino que, por el contrario, fueron sorprendentemente valientes y decían lo que pensaban sobre los temas de sus días. Superaban obstáculos, luchaban contra la resistencia y traspasaban las normas sociales para adoptar una posición por Aquel en quien ellas creían. Estas no fueron mujeres de silencio, debilidad y pasividad. Impactaron sus comunidades y aun cambiaron los senderos de muchas alrededor de ellas.

Nuestro género, sin duda, es fundamental para nuestra existencia. El género no fue una construcción social, sino que fue idea de Dios y es bueno. Las Escrituras siempre afirman únicamente dos géneros: varón y hembra. Cuando Dios creo dos géneros también instituyó dos roles diferentes para cada uno.

Si vamos al principio, todo comenzó en el jardín del Edén. En Génesis 1–3, vemos que el hombre y la mujer fueron

---

1. Grudem, Wayne. *Biblical Foundations for Manhood and Womanhood.* Wheaton, IL: Crossway Books, 2002.

creados a Su imagen como hembra y varón, y Génesis 1:26-27 lo confirma. Dios define el fundamento y el propósito de todos los seres humanos, ambos géneros, a tener dominio sobre la tierra y sus criaturas, como representantes de Dios, y fueron creados para relacionarse entre ellos y con todos los seres humanos. Cada género es totalmente humano, pero ambos se necesitan para representar la plenitud de la humanidad. Hombre y mujer fueron diseñados para complementarse uno al otro mutuamente en maneras enriquecedoras. Al ser creados a la imagen de Dios y ser portadores de Su imagen, todos compartimos el mismo valor y dignidad. Para Dios, ninguno tenía un valor mayor o menor delante de Él. Todos fuimos hechos «asombrosa y maravillosamente» (Sal. 139:14). Es por esto que afirmamos que la Biblia comienza con una igualdad entre los dos sexos. Como personas, como seres espirituales delante de Dios, el hombre y la mujer son absolutamente iguales.

Vemos en este capítulo 1 de Génesis que Dios pronunció Su creación como buena seis veces, y concluyó que era «[buena] en gran manera» (1:31). Luego, en Génesis 2:18, Dios nos sorprende cuando dice, refiriéndose a la soledad de Adán, que «no [era] bueno». Es la primera vez que Dios vio algo que considerara que no era bueno.

LA PRIMERA MUJER

En este capítulo 2, podemos ver un relato más detallado de la creación de ambos seres humanos que revela diferencias en las funciones y responsabilidades dadas por Dios. Había algo que faltaba al tener únicamente un solo género; faltaba una parte de la humanidad. El hombre por sí solo no es suficiente; le falta algo y Dios tiene que entrar y suplir esta carencia. Igual vemos que Eva fue creada después de Adán con el propósito específico de ser la «ayuda idónea» de Adán. En Génesis 2:18-20, leemos lo que pasó.

Adán no encontró una compañera entre lo ya creado. Dios resolvería el problema de Adán de estar solo. Definió Su propósito desde los inicios de los tiempos para que la mujer fuera una ayuda idónea para el hombre. Con Eva, Adán estaría completo.

En Génesis 2:21-22, leemos el único relato completo de la creación de la mujer. Aquí tenemos a la primera mujer, y me encanta cómo reaccionó Adán cuando la vio en Génesis 2:23. Esto es una profunda expresión de igualdad. El «no es bueno» citado en el versículo 18 de Génesis 2 fue corregido, fue hecho bueno.

UNA AYUDA IDÓNEA

La expresión «ayuda idónea» ha suscitado muchas y diversas opiniones en cuanto a lo que significa, y algunas veces se considera algo negativo. Es muy importante que entendamos su significado, ya que Dios nos da una definición muy clara de Su diseño y Su propósito para la mujer. Dios nunca pretendió que la mujer fuera una persona inferior o débil. El papel de la mujer no es menor ni inferior, sino diferente al del hombre. Dios no dejó a la mujer sin instrucción en las Escrituras sobre su papel.

En el hebreo original, la palabra que aparece traducida como «ayuda» es la palabra *ezer*. Encontramos que es utilizada 21 veces en el Antiguo Testamento y en la mayoría de las veces en el contexto de la ayuda que vendría de Dios mismo, por lo que podemos deducir que la ayuda de Dios no podría ser inferior o débil. Es notable que esta palabra, *ezer*, se usa únicamente 2 veces en el Antiguo Testamento para referirse a la mujer y 17 veces en referencia a Dios mismo a medida que ayuda, rescata y libera a la humanidad. Es usada dos veces en referencia a otras personas; una en cuanto a consejeros y asesores de un príncipe. La otra se usa en referencia a personas que tienen ayuda limitada en períodos de sufrimiento.

En el Antiguo Testamento, el término *ezer* es usado para hablar de la relación de Dios con la humanidad. En Deuteronomio 33:7, Moisés apela a Dios para que sea un *ezer* para la tribu de Judá. En el Salmo 30:10 y 54:4, David describe a Dios como su *ezer*. En el Salmo 121, a Dios se le describe frecuentemente como un *ezer* para su pueblo. Estos pasajes muestran cómo las personas entendían que Dios era su ayudador. Podemos ver cómo el término *ayuda* tiene un significado tan importante, ya que se centra en el mismo carácter de Dios.

En ese mismo versículo de Génesis 2:18, la palabra *ezer* está seguida de la palabra *k'enegdo*, también de origen hebreo, la cual es traducida comúnmente «adecuada para» o «cumplir con». No tenemos mucha información del significado de la palabra *k'enegdo*, ya que aparece únicamente una vez en toda la Biblia, por lo que no podemos hacer comparaciones en

13

cuanto a su significado. *K´enegdo* tiene su raíz en la palabra *neged*, que literalmente significa: «opuesto», «en frente de». El sentido del término *ezer k´enegdo* es: «una ayudante igual pero opuesta a él». Ambos son iguales pero opuestos, no en el sentido de ser enemigos sino de que son géneros diferentes con cualidades distintas pero complementarias. Es como un espejo igual pero opuesto, para encajar perfectamente. Eva era la igual de Adán y su complemento[2].

La ayuda idónea, *ezer k´enegdo,* es un rol elevado y extraordinario; no es un rol inferior. De acuerdo con lo que hemos visto del origen y el significado de estas palabras, podemos concluir que parte de nuestra identidad como mujeres es ser fuertes, rescatadoras y valientes. Hay un elemento de poder en ambas palabras hebreas: Dios ayuda a Su pueblo, una nación proporciona ayuda a otra nación. Podemos ver el uso de este término en un sentido de rescatar y proteger. Dios creó esta ayuda vital y poderosa para Adán, diseñada para ser una compañera que lo complemente, no una subordinada ni menos que él, sino igual a él y fundamental para su bienestar. Eva era alguien que proveería una valiosa fuerza y asistencia para Adán.

Podemos ver por lo expuesto hasta ahora, que el propósito de Dios fue muy claro desde el principio, con la creación de Eva. Su creación, como la de Adán, fue algo exclusivo. Ella fue presentada a su esposo como alguien que lo completaba.

---

2. Scheraldi, Catherine y Núñez, Miguel. *Revolución sexual: una perspectiva bíblica y un análisis médico.* Nashville, TN: B&H, 2018, pág. 46.

En la práctica, cumplimos el rol de «ayuda idónea» como esposas al buscar el bien de nuestros esposos sometiéndonos a ellos de una manera que modele el amor respetuoso y sabio de la Iglesia por su Señor (1 Ped. 3:1-7). Además de vivir nuestro rol de «ayuda idónea» en nuestros matrimonios, este rol se extiende más allá de nuestro hogar.

CÓMO USAR NUESTRO PODER PARA SERVIR

Hemos visto hasta ahora que «ayuda idónea» no es una etiqueta de inferioridad sino un reconocimiento de fortaleza. A pesar de que nuestro llamado a servir y nutrir ha sido en ocasiones retratado por la sociedad como débil o inferior, *ezer k´enegdo* nos enseña que parte de nuestra naturaleza dada por Dios como mujeres incluye una fortaleza para servir. Ejercemos nuestro rol de ayuda idónea cuando asumimos responsabilidades de servir en la iglesia local.

En mi caso, muchas de las experiencias más dulces en mi vida han venido a través del servicio. Cuando nos sometemos a nuestros esposos y lideramos a nuestros hijos, ejercemos nuestro rol como *ezer k´enegdo* protegiéndolos y nutriéndolos. De igual manera, cuando enseñamos el evangelio, servimos a nuestra comunidad, levantamos al débil o defendemos la justicia, ejercitamos nuestro *ezer k´enegdo*. Cuando amplío mi educación, experiencia, destrezas y talentos, expando el alcance de mi *ezer*.

AYUDANTES DE JESÚS
Y LOS APÓSTOLES

Las mujeres jugaron un rol prominente en el desarrollo de las primeras comunidades de Jesús y formaron una parte esencial en la red social del apóstol Pablo.

Podemos constatar por la evidencia en los cuatro Evangelios que nuestro Señor asignaba un alto valor a las mujeres, pero a la vez reconocía las distinciones de roles entre el hombre y la mujer. Su alta consideración para la mujer la podemos ver en como Él reconocía su valor intrínseco como persona e igual que el hombre (Gén. 1:27, Mat. 9:4), en cómo les ministraba (Mat. 8:14-15; Mar. 1:30-31), y en la dignidad que le concedió durante Su ministerio (Mat. 12:42; 13:33). Por otro lado, Su reconocimiento de las distinciones en los roles para el hombre y la mujer es demostrado al escoger solamente hombres para servir como Sus apóstoles con la tarea principal de predicar, enseñar y gobernar. Las mujeres, sin embargo, servían en otras capacidades importantes, tal como orar, proveer asistencia financiera, ministrar a necesidades físicas, expresar su comprensión teológica y ser testigos de la resurrección.

El respeto de Jesús por las mujeres era muy diferente al de Sus contemporáneos. Mary Evans, en su libro *Women in the Bible* [Las mujeres en la Biblia] denomina el enfoque de Jesús hacia las mujeres como «revolucionario» para Su época. Jesús no solamente escogió mujeres para ilustrar Sus enseñanzas, sino que también estaba interesado en que a las mujeres se les permitiera sentarse a escuchar Sus enseñanzas. Esto no pareciera ser una sorpresa para nosotras en el siglo XXI, pero era inusual en los días de Jesús[3].

Podemos leer en Lucas 8:1-3 que Jesús iba a todos los pueblos y ciudades, predicando y mostrando las buenas nuevas del reino de Dios, y que los doce apóstoles iban con Él y «algunas mujeres» también lo acompañaban, como María Magdalena, Juana mujer de Chuza, Susana y muchas otras que con sus bienes personales contribuían al sostenimiento de ellos. Lucas 23:27 nos dice que a Jesús lo seguía una gran multitud del pueblo y de *mujeres* que lloraban y se lamentaban por Él.

Aparentemente esas «algunas mujeres» de las que habla Lucas habían creído que Él era el Cristo de Dios y diligentemente le ministraban y lo apoyaban mientras Él realizaba la voluntad de Su Padre. María y Marta de Betania eran Sus buenas amigas y estaban dispuestas a dar su tiempo y recursos para expandir el evangelio. Juana y Susana daban de sus propios recursos para ayudar a Jesús y a Sus discípulos a lo largo del camino. María Magdalena, quien después de su conversión estaba con Jesús constantemente, fue bendecida con ser la primera persona a quien se le apareció el Señor después de Su resurrección.

---

3. Evans, Mary J. *Woman in the Bible*. Downers Grove, IL: InterVarsity Press, 1983.

LIDIA

Después de la ascensión de Jesús, el trabajo de construir la Iglesia del Nuevo Testamento recayó sobre los apóstoles, quienes plantaron iglesias alrededor del mundo y luego entregaron el ministerio del evangelio a hombres, pastores y diáconos fieles (2 Tim. 2:2). A lo largo del camino, también nos encontramos con mujeres sirviendo en roles importantes de apoyo.

En Filipos, un grupo de mujeres se reunían a la orilla del río a estudiar las Escrituras y estaban listas para recibir el evangelio de parte de Pablo.

Lidia era una mujer de influencia entre ellas, a quien «el Señor abrió su corazón para que recibiera lo que Pablo decía» (Hech. 16:14-15). Ella «obligó» a Pablo a quedarse en su casa.

Lidia tenía el don de la hospitalidad, el cual era sumamente necesario en esos tiempos como lo es ahora para los que llevan las buenas nuevas a muchos lugares.

Lo que me llama la atención de Lidia es que es probable que hubiera adquirido bastantes riquezas, porque vendía telas de púrpura. Solamente la realeza y los ricos podían pagar telas de púrpura. Después de su conversión, Lidia usó bien sus riquezas, mostrando a Pablo y sus acompañantes hospitalidad al llevarlos a su casa.

Podemos ver que la Biblia no desprecia su oficio, en el sentido de que se pudiera apuntar a que hacía un trabajo «mundano» dirigido a la belleza, ya que vendía telas de púrpura.

Al contrario, como Lidia vendía estas telas pudo recibir en su hogar a Pablo y a sus acompañantes.

La vida de Lidia nos muestra que los trabajos honestos no son inferiores. A veces, colocamos los trabajos ministeriales en un pedestal. Por ejemplo, la congregación puede poner en un lugar más elevado a una persona que decide trabajar en las misiones que a uno que tiene un trabajo como contable. La vida de Lidia prueba que uno puede trabajar en un empleo fuera del ministerio y usarlo para ayudar al ministerio. Dadas las riquezas que producía su negocio, podía proveer para aquellos que se dedicaban a un empleo ministerial.

Las diversas menciones de Lidia en el capítulo 16 de Hechos nos permite inferir que ella tuvo un fuerte impacto en el ministerio de Pablo.

CONCLUSIÓN

Génesis 2:18 ha suscitado, a través de los tiempos, muchas emociones diferentes. Tanto hombre como mujer fuimos creados a imagen y semejanza de Dios, iguales, pero con roles diferentes. Es importante que podamos entender que el propósito de la masculinidad y la feminidad es demostrar la historia del evangelio y que solamente como mujeres que viven su diseño de «ayuda idónea», podemos reflejar completamente la belleza de Cristo y Su evangelio al mundo.

Mujeres como Lidia no estaban al margen en las primeras décadas del movimiento de Jesús. En Filipos, se fundó una iglesia, gracias a su corazón y hogar abiertos, y creció por su apadrinamiento, su iniciativa, su coraje y su ministerio.

Mayra Beltrán de Ortiz

Capítulo 2

LA DISTORSIÓN DEL ROL

E n el capítulo anterior, vimos cómo la mujer fue creada como ayuda idónea y complemento para el hombre. A manera de resumen, podríamos resaltar la idea de que, al momento de la creación, Dios dijo que tanto el hombre como la mujer estaban hechos a Su imagen y semejanza, lo cual los transformaba en Sus dignos representantes aquí en la tierra. Al ser hechos a Su imagen, ambos poseían el mismo valor, aunque tenían diferentes géneros, hombre y mujer, lo cual únicamente los distinguía en sus diferentes roles.

Cuando escuchan la frase «ayuda idónea», muchas quizás piensan que esto de ser ayuda está limitado al rol de esposa. Si bien es cierto que la unión complementaria se ve más claramente en el matrimonio, no debemos olvidar que toda mujer, independientemente de su condición social, es ayuda idónea.

Sus dones y talentos y el ejercicio correcto de su rol sirven de influencia para todo aquel que la rodea. Así que, desde ahora, cuando hablemos de ayuda idónea, pensemos no solo en la mujer casada sino también en la soltera, la viuda, la joven, la anciana. Todas son ayudas idóneas. En el capítulo anterior, vimos la belleza del rol. En este, es mi deseo poder mostrarte lo horrendo que luce este rol cuando es vivido de forma distorsionada, y cómo esta distorsión nos impide influenciar de forma piadosa a aquellos a quienes se supone que debemos ministrar desde nuestro rol.

Al ser portadora de la imagen de Dios y al haber sido creada a Su semejanza, la mujer, en su rol complementario, aporta a cualquier tarea aspectos del carácter de Dios que puede reflejar mejor en su rol. Es eso lo que a ella la hace única y diferente al hombre, es eso lo que le permite servirle de complemento al hombre.

El autor Wayne Grudem, en su comentario sobre Génesis, y hablando de este mismo tema, dice lo siguiente: «Los hombres y las mujeres fueron creados como iguales a la imagen de Dios, y ambos reflejan Su carácter en sus vidas. Esto significa que debiéramos ver aspectos del carácter de Dios reflejados en la vida de cada uno de los dos. Si vivimos en una sociedad compuesta solo por hombres cristianos o una sociedad compuesta solo de mujeres cristianas, no obtendríamos un cuadro completo del carácter de Dios como cuando vemos hombres y mujeres cristianos juntos en sus diferencias complementarias y reflejando la belleza del carácter de Dios»[1].

Pero esta belleza del carácter complementario y de su rol de ayuda idónea fue lo que Satanás quiso distorsionar desde un principio. Porque él sabía bien que un uso diferente al que Dios había diseñado tenía el potencial para dañar el plan divino para la humanidad. Su conversación con Eva fue el instrumento para entrar en la mente de ella y cambiar la verdad de Dios por la mentira. Y así fue; Eva le creyó a Satanás y ahí comienza su historia y la de nosotras las mujeres por oponernos al diseño bíblico.

Como muchas sabemos, en la actualidad, la corriente del feminismo es la que está empujando y educando a las mujeres a rechazar la descripción del rol que describe la Biblia. Podríamos decir que el movimiento feminista comenzó con fuerza en la década de 1900, pero si nos fijamos en el relato del Génesis, podemos ver que el espíritu feminista ya estaba en Eva.

Al entablar esa conversación con Satanás, Eva dispuso su corazón y su mente para comenzar a cuestionar todo lo que Dios había dicho. Como le gustó lo que oyó, actuó en consecuencia. En ese momento, Eva hizo una declaración de independencia de su esposo y de su Creador. Afirmo esto de su esposo porque, si nos fijamos, no vemos nunca a Eva preguntarle a Adán su opinión. Tampoco esperó a que él fuera

1. Grudem, Wayne. *Teología sistemática: Una introducción a la doctrina bíblica*. Miami, FL: Editorial Vida, 2007; pág. 477.

quien tomara la decisión. Eva se convirtió en ese momento en la cabeza y no en ayuda, en estorbo y no en complemento.

Debo aclarar que la responsabilidad de la caída no solo cayó sobre Eva sino principalmente sobre Adán, y así lo vemos cuando Dios los confronta y es a él a quien menciona primero al hacerlo. Aunque haya sido Eva la que tomó el fruto del árbol, es a Adán a quien busca primero, porque él como cabeza de esta unión también tuvo sus errores. Pero en cuanto a nosotras las mujeres, es bueno que observemos el corazón feminista de Eva, y nos demos cuenta de lo que ella en su papel de ayuda y complemento no hizo. Recuerda que cada vez que veas a Eva, puedes mirarte a ti misma, ya que, si se nos hubiese dado la oportunidad de sustituir a Eva en el Edén, sin duda, cada una de nosotras habría hecho lo mismo.

Eva ignoró el liderazgo masculino, actuó de forma independiente, pensó que había propósito fuera del diseño divino y todo esto fue posible porque se dio la oportunidad de cuestionar la Palabra que Dios mismo le había dicho. Sin duda, fue nuestra primera feminista, por lo tanto, la pionera en distorsionar el rol que Dios había creado para la mujer.

El autor Wayne Grudem, en su comentario de la caída, lo explica de esta forma: «Satanás, después de haber pecado, intentaba distorsionar y socavar todo lo que Dios había planeado y creado como bueno. Es probable que Satanás (en la forma de una serpiente), al acercarse a Eva primero, estaba intentando instituir un cambio en los papeles al intentar que Eva asumiera el liderazgo en la desobediencia a Dios (Gén. 3:1). [...] Pablo parece tener en mente esta alteración en el papel de liderazgo cuando dice: "No fue Adán el engañado, sino la mujer; y ella, una vez engañada, incurrió en pecado" (1 Ti 2:14). Esto al menos sugiere que Satanás, al ir primero a la mujer, estaba tratando de socavar el modelo de liderazgo del hombre que Dios había establecido en el matrimonio»[2].

Después de la caída, Dios puso consecuencias sobre Adán y Eva. Fijémonos en las que le puso a Eva. Mira como lo dice la versión NTV:

Luego le dijo a la mujer: «Haré más agudo el dolor de tu embarazo, y con dolor darás a luz. Y desearás controlar a tu marido, pero él gobernará sobre ti» (Gén. 3:16).

Producto de la caída, así como es una realidad que en cada parto la mujer experimenta dolor, también es una realidad que, en toda oportunidad, ella va a querer controlar a su marido.

Ese deseo de control sobre el hombre es parte de la consecuencia del pecado de Eva, es parte de la naturaleza pecadora que se heredó de la caída, no solo las esposas, sino toda mujer. Desde ese momento, en toda relación con el sexo opuesto, la mujer tiene una lucha constante, un conflicto constante por el dominio, y ese deseo, a menos que no esté controlado por el Espíritu, termina erosionando toda relación, marital, laboral, ministerial, social, entre el hombre y la mujer. Esta relación

---

2. Grudem, Wayne. *Teología sistemática*. Pág. 484.

ya no volvería a ser de tanto disfrute y armoniosa como lo era en el Edén, sino que ahora toda mujer como Eva sentirá el deseo ilegítimo de usurpar la autoridad del hombre, y eso es pura distorsión de su rol.

El autor Wayne Grudem concluye esa idea de esta forma: «De manera que, en ambos casos, la maldición trajo una distorsión del liderazgo humilde y considerado de Adán y de la sumisión inteligente y de buena voluntad de parte de Eva a ese liderazgo que existió antes de la Caída»[3].

Como vemos, esta distorsión del rol, producto de la caída, está en el corazón de cada mujer. A cada una de nosotras nos toca decidir si vamos a actuar en pos de nuestra naturaleza caída o en pos del diseño divino.

En la Biblia, tanto en el Antiguo como en el Nuevo Testamento, vemos ejemplos de mujeres que actuaron de ambas formas. Me llama la atención que ambas mujeres coinciden en que su influencia vino de su hablar. Recordemos que la carta a Santiago, en el capítulo 3, nos habla extensamente de cómo nuestro hablar puede ser de bendición o de maldición. Nos dice cómo el uso de nuestras palabras puede construir o destruir. Nuestro hablar es poderoso; por eso podemos ver el contraste entre estas dos mujeres, una que usó su rol para influenciar para el mal y la otra para construir para la paz.

Miremos la vida de Jezabel y su rol distorsionado. Podemos encontrar su historia a partir de 1 Reyes 16. Ella fue la esposa del rey Acab. Pero a esta mujer la recordamos porque

---

3. Grudem, Wayne. *Teología sistemática*. Pág. 486.

fue a quien, en un momento, el gran profeta Elías le tuvo miedo. Según las Escrituras, al casarse con ella, el rey Acab fue influenciado a adorar a Baal, el dios de su esposa. Construyó un templo y un altar en Samaria para la adoración a ese dios y levantó un poste dedicado a la diosa Asera. Dice la Biblia que Acab hizo más para provocar el enojo del Señor que cualquier otro de los reyes anteriores de Israel (1 Rey. 16:32), esto sin duda, bajo la constante influencia de su esposa pagana.

Jezabel era una mujer malvada, quien usó su poder no solo para financiar el sustento de los sacerdotes paganos (1 Rey. 18:19), sino para actuar con desprecio y oposición a todos los profetas que hablaban del Dios de Israel, llegando a ordenar la ejecución de muchos de ellos (1 Rey. 18:4). Como Eva, Jezabel tuvo iniciativas (1 Rey. 21), pero iniciativas malvadas, con propósitos egoístas y a expensas de otros. Haciendo uso de su poder, estaba construyendo su propio reino, a espaldas de la opinión de Dios.

Es evidente su influencia perversa. Mira cómo lo dice 1 Reyes 21:25 (NTV): «Nunca nadie se entregó tanto a hacer lo que es malo a los ojos del Señor como Acab, bajo la influencia de su esposa Jezabel». La historia de Acab y Jezabel no terminó bien. Tal y como se les había profetizado, ambos murieron de una forma horrorosa.

La influencia de esta supuesta ayuda idónea sobre su esposo contrasta mucho con la influencia piadosa que tuvo Abigail. Ella también usó su hablar, pero lo hizo para bendición.

Abigail era la esposa de Nabal, un hombre que poseía mucho ganado y que tenía riquezas extremas (1 Sam. 25:2-3).

La Biblia la describe como una mujer no solo de hermosa apariencia sino también muy inteligente (1 Sam. 25:3). Sin duda, es una combinación que cada mujer quisiera poseer. A pesar de la conducta pecaminosa de su esposo, esta mujer, de una forma respetuosa y como buena consejera, pudo buscarle una solución al problema existente entre David y su esposo, y así conseguir la paz. Sin duda, ella es el ejemplo vivo de una mujer sabia que con dulzura de palabras aumenta la persuasión (Prov. 16:21) y es una influencia piadosa para su esposo y para los que la rodean. Esta es una mujer digna de imitar, no solamente como esposa, sino como colaboradora en soluciones de asuntos de peso.

En el Nuevo Testamento, también podemos ver dos contrastes de la influencia de la mujer como ayuda o complemento en las tareas ministeriales. Por un lado, tenemos a las citadas Evodia y Síntique. A diferencia de Jezabel, estas eran mujeres piadosas, pero en un punto de su servicio ministerial ambas tuvieron un conflicto, al parecer de gran magnitud, porque hasta oídos del apóstol Pablo llegó, y este les pidió que se reconciliaran, que arreglaran su desacuerdo (Fil. 4:2). Tal vez te preguntes por qué poner de ejemplo el conflicto de dos mujeres creyentes. Esto es porque, aun dentro de la fe, pensando que estamos sirviendo a la causa, nuestras acciones podrían estar deteriorándola. En este tema especial del conflicto, las divisiones en la iglesia hacen mucho daño a quienes observan, pues podemos ser de piedra de tropiezo para ellos. En vez de colaborar con nuestros líderes para solidificar la unión, podríamos estar contribuyendo con la división. Así como Eva en su momento buscó independizarse de la autoridad de Dios y cuestionar Su Palabra y tomó decisiones por su cuenta sin consultar a su líder y cabeza, asimismo nosotras en el ministerio podemos actuar de espaldas al rol y en rebelión a las autoridades puestas por Dios. Como consecuencia, en este acto de desobediencia, podemos terminar creando conflictos y divisiones que no ayudan a la causa de Cristo.

En contraste con estas dos mujeres de Filipos, la Biblia, específicamente en el Evangelio de Lucas, menciona a tres mujeres que rodeaban a Jesús y ayudaban a Él y a Sus discípulos en la obra del ministerio. Ellas son María Magdalena, Juana y Susana.

De Juana es de quien tenemos más información, porque la Biblia nos dice que estaba casada con un funcionario de Herodes. Los estudiosos dicen que Juana pudo haber sido una fuente de muchos detalles de información para Lucas al escribir su Evangelio. Aparentemente, esta mujer acaudalada fue parte del grupo que viajó con Jesús, por lo que ella aprendió de primera mano de Él y probablemente sirvió de soporte financiero para Su ministerio. Ella era una de las mujeres que recibió la noticia de que Jesús había resucitado. Sin duda, era una mujer fiel a Jesús, generosa y dispuesta a contribuir en la causa mediante su rol.

También el apóstol Pablo, específicamente en su carta a los romanos, en el capítulo 16 desde el versículo 1, saluda a sus colaboradores, entre ellos múltiples mujeres que sin duda habían servido y por lo tanto influenciado su entorno.

Entre ellas está Febe, a quien se le da un título oficial de servicio en la iglesia al llamarla diaconisa de la iglesia en Cencrea. Probablemente, era una de las mujeres que acostumbraba a visitar a los enfermos, ayudar a las mujeres jóvenes y a los pobres. Pablo llama a esta mujer diaconisa o ayudadora. Es muy probable que ella haya usado su influencia, sus medios económicos y su tiempo personal para ayudar a muchos creyentes, incluyendo a Pablo.

Pablo también menciona a María y dice que había trabajado mucho por sus hermanos en Cristo. Los estudiosos dicen que es probable que Pablo no haya conocido a María personalmente, pero su trabajo y sus esfuerzos fueron tan conocidos que él quiso saludarla. En el versículo 12, Pablo saluda a tres mujeres: Trifena, Trifosa y Pérsida. Es muy probable que las dos primeras fueran hermanas. Sus nombres, que implican algún tipo de lujo, podrían indicar que estas mujeres pertenecían a una clase social alta, pero sin importar su estatus social, estas mujeres dedicaron su vida y su tiempo a la obra del ministerio y a la causa de Cristo. A la tercera de estas mujeres, Pérsida, Pablo la llama «querida», por lo que podemos entender que era una persona que estaba muy cerca de Pablo, y una vez más, el apóstol reconoció el trabajo arduo de esta mujer para la obra del ministerio.

Estas mujeres que sirvieron de forma tan entregada a la obra de Cristo nos sirven de ejemplo para entender que en este mundo, aun después de la caída, podemos, a través de nuestro rol de ayuda idónea y complemento para el hombre, ser de bendición y de influencia para aquellos que nos rodean.

Estas mujeres piadosas no procuraron independencia en su manera de actuar, sino más bien, junto con los hombres y de mano de la autoridad que Dios había puesto sobre ellas, trabajaron en unión complementaria para poder llevar a cabo las tareas que Dios había preparado para ellos. Ellas encontraron satisfacción en su diseño, por lo que se concentraron en mostrar con su rol el carácter de Dios que refleja su género. Estas mujeres resistieron su tendencia pecaminosa de querer actuar por su propia cuenta o usurpar el rol de liderazgo que Dios ha designado para el hombre.

Es mi oración que cada mujer de influencia pueda ser un reflejo del carácter de nuestro Dios y una fiel portadora del mensaje de redención de nuestro Señor Jesucristo. Vivir nuestro diseño bíblico es una de las formas en las que toda mujer puede mostrar que, en la cruz, Cristo hizo posible la restauración de lo que se había perdido en el Edén.

Chárbela El Hage de Salcedo

Capítulo 3

LA MUJER EN EL ANTIGUO TESTAMENTO: UNA COLABORADORA EN LOS PLANES DE DIOS

UN VISTAZO AL ANTIGUO TESTAMENTO

¿Cuántas veces nos hemos encontrado queriendo evitar situaciones que nos hacen sentir incómodas, porque sabemos que no las podemos manejar? ¿Cuántas veces evitamos temas de discusión porque sabemos que nuestros argumentos no son lo suficientemente fuertes para defender nuestro punto de vista, o evitamos personas difíciles que requieren un mayor esfuerzo para relacionarse? Este es un mecanismo muy común que también se puede aplicar al aspecto espiritual, porque algo parecido les sucede a los incrédulos e incluso a creyentes cuando se trata de leer y entender el Antiguo Testamento.

En más de una ocasión, he escuchado a cristianos decir que no entienden al Dios que ahí se muestra; por lo tanto, prefieren evitar muchos de esos pasajes. Hay una reacción inicial de evitar su lectura porque puede resultar muy confusa o incómoda, debido a que hay muchos libros con relatos que sorprenden por su crudeza. Además, puede haber pasajes que nos cueste explicar, porque tendemos a enfocarnos más en el hecho (las muertes, calamidades o castigos) que en la enseñanza que pueda haber detrás. También se hace difícil porque no hay una identificación con ciertas realidades políticas y sociales de esas épocas. Por otro lado, están los pasajes que nos asombran por las maravillas y los milagros que se narran y no pueden ser comprendidas con nuestra mente tan limitada, pero debemos recordar que son los dos aspectos que nos hablan de un mismo Dios que muestra Su justicia y Su misericordia en medio de Su historia de redención.

Se hace difícil encontrar ejemplos de familias o relaciones saludables entre esposos y padres e hijos, debido a que las malas decisiones tomadas lejos de Dios han distorsionado grandemente la imagen de muchas cosas que Dios concibió como buenas y con propósito. Cuando en el sexto día terminó Su obra de la creación, la Palabra dice que: «vio Dios todo lo que había hecho, y he aquí que era bueno en gran manera» (Gén. 1:31). Esto incluía que era buena la manera como iban a funcionar como Su creación y cómo cada uno, hombre y mujer, iban a reflejar Su gloria de una forma muy particular, porque Dios mismo había puesto en ellos Su imagen. Definitivamente, era bueno el diseño que tenía para ese ser humano que había creado con todas las habilidades y cualidades para cumplir Sus propósitos. Tanto el hombre como la mujer tenían esa imagen de Dios que les permitiría percibir el mundo de una manera particular. Su forma de pensar, de ver y de sentir no sería exactamente la misma pero era necesaria para que, en la unidad que formaran, pudieran complementarse y así reflejar parte de la plenitud y la gloria de Dios.

Sin embargo, en la medida que la espiral del pecado se fue haciendo presente en el mundo, lo cual empezó desde muy temprano en el jardín del Edén (Gén. 3), esta creación diseñada en perfección se fue apartando de su Creador y Sus mandatos y contaminando con el pecado. Pero en la misericordia de Dios, podemos ver a lo largo del relato de la Biblia que a pesar de las fallas del ser humano, de las debilidades y los tiempos difíciles, Dios decide usar en Su momento personas débiles que, desde una perspectiva humana, no tenían las condiciones de ser elegidas para cumplir un propósito específico.

El Antiguo Testamento está lleno de este tipo de ejemplos, tanto de hombres como de mujeres (pero en este caso, nos enfocaremos en las mujeres, ya que es el tema que nos interesa), que surgen en las Escrituras por una orquestación divina. Algunas apenas son mencionadas en un par de versículos, como es el caso de las parteras Sifra y Fúa, quienes por el temor reverente a Dios, tuvieron la valentía de desafiar la orden del faraón de matar a los bebés varones, y así fueron parte del plan de Dios para que el pueblo judío se multiplicara y fortaleciera (Ex. 1:16-17). O Jael, a quien vemos como una heroína por el acto de valentía y determinación extraordinario que se relata, al matar a Sísara y así librar al pueblo de Israel del rey de Canaán (Jue. 4 y 5). También pueden tener un libro completo con su nombre, como es el caso de Rut y Ester, o guiar al pueblo en adoración, como lo hizo Miriam, cuando Dios destruyó los carros del faraón al hacer volver las aguas del mar a su cauce (Ex. 15:20-21).

Estas historias muestran no solo cómo Dios puede usar a mujeres de diferentes condiciones económicas o sociales para cumplir Sus planes y propósitos más allá de lo que ellas podían entender en ese momento y en contra de lo que marcaban las pautas culturales de esa época, sino también que Él es soberano para usar a quien le plazca conforme a Sus planes. Los pocos o muchos pasajes que encontremos en estos libros nos muestran las diferentes funciones que, en su momento, ejercieron mujeres de fe.

Ciertamente, cuando pensamos cómo era la mujer en el Antiguo Testamento, su vida y su rol, tal vez lo primero que nos viene a la mente es un sentido de opresión y falta de libertad, de abuso y de constantes limitaciones; mujeres que aparentemente no tenían voz ni voto, que en muchas ocasiones su valor era material o reproductivo. Pero en medio de sociedades injustas, aun de un pueblo hebreo que vivía en un círculo vicioso de apartarse de Dios, pecar, arrepentirse y ser restaurado, Dios tuvo el cuidado de dejar plasmados ejemplos de mujeres que formaron parte de Su historia y fueron usadas por orquestación divina. Algunas son ejemplos en momentos de debilidad, como los que también muchas de nosotras hemos atravesado, y nos recuerdan que no debemos dudar de la fidelidad de Dios para cumplir Sus promesas; como Sara, cuando por falta de fe no supo esperar ni creer que Dios sería fiel a Su promesa de darles un hijo en Su tiempo (Gén. 17:15-17), y pecó al usar sus métodos para cumplir esa promesa. O como la esposa de Job, que fue insensata en el consejo que le dio a su esposo en medio de tanta aflicción (Job 2:9-10), lo cual nos muestra cuán necias pueden ser las palabras de una mujer apartada de Dios. Vemos ejemplos de cómo mujeres reales y piadosas pudieron ser usadas en determinado momento, pero no para sobresalir. Es más, en muchos casos, ellas habrían preferido pasar inadvertidas, pero Dios, en Su soberanía, las eligió para un trabajo especial, para que impactaran más allá de su entorno familiar e incluso tomaran parte en decisiones de la nación en un momento específico. Su amor y compromiso con la verdad hizo que actuaran más allá de su comodidad, porque a diferencia de lo que culturalmente pensamos, el verdadero siervo prefiere no ser visto y mucho mejor si pasa inadvertido. Esta idea es muy contraria a lo que encontramos en nuestras sociedades, tanto a nivel eclesiástico como secular, donde el deseo de brillar, de recibir la honra, los aplausos y ser el centro de atención es más común de lo que pensamos.

LA MUJER EN EL MINISTERIO

¿Cuál es la función de la mujer en el ministerio dentro de la Iglesia? ¿Cuál es su llamado? Esta no es una pregunta fácil de responder y genera diversas reacciones. De hecho, ha sido un punto de debate por muchos años. Incluso dentro de las iglesias evangélicas tampoco existe un consenso con relación a este tema y muchas veces es lamentable la imagen que se da hacia los incrédulos. Por un lado, hay ejemplos de ministerios femeninos que se levantan con mucha fuerza, ejerciendo funciones pastorales mientras minimizan la figura y el rol masculinos, y en el otro extremo, hay iglesias donde las mujeres apenas pueden opinar y no se les permite ejercer ningún tipo de servicio. Ninguna de estas situaciones refleja la verdad de las Escrituras ni el carácter bondadoso de Dios al dejar Sus enseñanzas para Su Iglesia.

Debemos reconocer cuán influenciados podemos estar por la cultura, por el sistema de valores, por vivencias personales o incluso malas enseñanzas para entender bíblicamente este punto. La imagen de poder y autosuficiencia de la mujer que se nos vende desde hace varias décadas también ha penetrado en la vida de la Iglesia y tergiversado el diseño de Dios. ¿Cuántas de las cosas que se dicen desde un púlpito buscan promover a una persona o un ministerio en lugar de Dios? Lamentablemente, en muchos casos, se ha puesto la gloria del hombre por encima de la gloria de Dios, cuando claramente la Biblia nos enseña que «el que habla, que hable conforme a las palabras de Dios; el que sirve, que lo haga por la fortaleza

LA MUJER EN EL ANTIGUO TESTAMENTO

que Dios da, para que en todo sea Dios glorificado mediante Jesucristo, a quien pertenecen la gloria y el dominio por los siglos de los siglos. Amén» (1 Ped. 4:11). Todo lo que tiene que ver con el quehacer de la vida de la iglesia tiene que apuntar a dar gloria a Dios. Es un llamado al servicio, a la renuncia por amor de Su nombre, sea cual sea el lugar y aun el tiempo que le haya tocado vivir.

En tiempos de gran dificultad y escasez, como vemos en el Antiguo Testamento, Dios sigue narrando Su historia, y aunque los ejemplos de mujeres con alguna función pueden parecer muy pocos en relación a los encontrados con figuras masculinas, no por eso dejan de ser importantes, porque Dios quiso que estuvieran ahí con un propósito. En cada una de esas situaciones, podemos ver la grandeza de Dios al usar vasos frágiles para un plan específico, que en su momento ninguna de ellas podía imaginar. No hay nada más gratificante que estar viviendo en la voluntad de Dios (Sal. 40:8).

UNA MUJER DE SERVICIO

Débora es una mujer del Antiguo Testamento que, en su tiempo y sus circunstancias, jugó un rol muy importante en la vida del pueblo de Israel, y tal vez es uno de los personajes más malinterpretados, porque se la utiliza como un ejemplo que ensalza el rol de la mujer sobre la debilidad de un hombre, que resalta su carácter fuerte más que tratar de ver la elección soberana de Dios y lo que quiso hacer en ese momento con Su pueblo. Sabemos que ningún creyente puede hacer nada fuera de la gracia de Dios (Juan 15:5) y eso es tan cierto en esa época como en los tiempos presentes. Es cierto que podemos confundirnos al ver las palabras que la describen y las funciones que cumplía dentro del pueblo de Israel. Era una mujer que juzgaba (es decir, que gobernaba) y manifestaba la voluntad de Dios por inspiración divina, pero por sobre todo, era una mujer que estaba bajo la autoridad de Dios y a Su servicio.

Débora aparece en este relato en un tiempo en que «los hijos de Israel volvieron a hacer lo malo ante los ojos del Señor» (Jue. 4:1). Como dijimos anteriormente, este ciclo es repetitivo en el Antiguo Testamento y tanto solo en el capítulo anterior de Jueces, vemos tres ejemplos de cómo Dios libera a Su pueblo cuando este clama en arrepentimiento, usando personajes poco usuales: un hermano menor (Otoniel), un zurdo (Aod) y un extranjero con un arma muy extraña (Samgar), y cuando el pueblo se aparta de Dios, el castigo, la disciplina y también la salida son claramente orquestados por Dios mismo. Entonces ¿cómo podemos juzgar la forma en que Dios decide obrar o a quién usar? Él es soberano para usar incluso la naturaleza como un testimonio de Su poder o hacer que una burra hable (Núm. 22:28).

No podemos imaginar lo difícil que debió de ser la vida durante esos 20 años bajo el cautiverio de un rey pagano, pero sí sabemos que el problema más importante que tenía el pueblo de Israel en ese momento no era material o militar, sino espiritual. En estos tiempos de prosperidad económica y avances vemos una gran decadencia espiritual, reflejada no solo fuera de la vida de la Iglesia sino que, lamentablemente, también hay mucha necesidad y confusión dentro de la misma. Pero Dios, que es el mismo ayer, hoy y por siempre, también tiene para esta época provisión para Su Iglesia, no solamente en las vidas de grandes hombres y mujeres que han dejado huella con sus vidas y sus enseñanzas, sino que Su gracia está sobre cada creyente con un propósito: ser de bendición para la iglesia viviendo en la voluntad de Dios. El lugar que tiene cada cristiano dentro del cuerpo es especial, y cumplir con su llamado y poner sus dones y habilidades al servicio de la Iglesia es lo que cada uno debiera anhelar. Tendemos a dar mayor importancia a ciertos ministerios y actividades, olvidando que en el cuerpo hay muchas partes y funciones necesarias (1 Cor. 12:14).

En tiempos de dificultad, hay creyentes que, a pesar de lo difícil de la situación, buscan a Dios y dependen de Él. Es un llamado a estar siempre listos para cuando sea la ocasión de servir. Una mujer sabia entiende los tiempos y la necesidad del momento (1 Crón. 12:32). Tal vez no sea para una batalla tan literal como la que peleó Débora, pero la vida cristiana es una batalla espiritual constante que demanda mujeres preparadas que puedan servir en sus hogares, en sus comunidades, en sus iglesias. Independientemente de las diferencias que podamos tener con este relato, hay aspectos del carácter de Débora que podemos ver con cuidado y que nos pueden servir como ejemplo en este tiempo, recordando en todo momento al Dios que está detrás de toda acción.

— Madurez espiritual. Así como la madurez cronológica tiene evidencias externas e internas, lo mismo sucede con la madurez espiritual; debemos ser maduros en nuestra forma de pensar (1 Cor. 14:20). Nuestra forma de vivir, reaccionar o hablar es un claro indicador de la transformación en nuestras vidas, y es en los tiempos de presión y dificultad donde se evidencia realmente el carácter que tiene un creyente y la forma palpable en que vive su fe. No sabemos el tiempo preciso en que estas situaciones llegarán a nuestras vidas, pero sabemos que son parte de la vida; por tanto, debemos estar preparados, confiando en Dios y buscando en Su Palabra. Los años de cautiverio, de opresión y de pecado del pueblo de Israel no fueron un obstáculo para que Débora se mantuviera dependiendo de Dios. Aunque ella no contaba con toda la verdad escrita como tenemos nosotros, es evidente que tenía una relación personal con el Señor. Ella conocía al Dios de Israel y estaba llena de sabiduría, lo cual le permitió juzgar en los asuntos que el pueblo necesitaba. Ellos reconocían esa gracia y por eso acudían a ella. Dios la había preparado y levantado para ese tiempo. Los dones que cada quien pueda tener son para la edificación del cuerpo de Cristo (Ef. 4:12), no para una gloria personal.

— Confianza en Dios. La confianza en Dios es lo que marca la diferencia en qué tipo de vida va a tener un creyente. No tiene que ver con cuánto conocimiento tenga, sino con cómo ese conocimiento que tiene ha cambiado su forma de pensar, de tomar decisiones y vivir en este mundo. El creyente no vive tranquilo porque las circunstancias luzcan buenas, sino por la certeza de que Dios tiene control de esas circunstancias y lo ayudará a enfrentarlas con entereza y fe; no descansa en los recursos económicos que tenga, sino en que Dios ha prometido suplir Sus necesidades (Luc. 12:22-26), y lo mismo se puede decir en todos los aspectos. ¿Cuántas veces hemos visto creyentes que, en medio de circunstancias realmente difíciles, reflejan paz y confianza, mientras que otros con situaciones aparentemente más sencillas se derrumban? Uno podría decir: «¿Dónde está tu Dios?». Para unos está cercano, para otros está distante. En el relato de Jueces, Débora tenía la certeza de que Dios iría delante de ellos en una pelea que humanamente no podía ser vencida con los recursos que los israelitas tenían, pero ella no tenía sus ojos ni sus pensamientos puestos en el ejército enemigo, sino en Dios. Confiar en Dios siempre permite verlo obrar de una forma extraordinaria y más allá de nuestras expectativas.

— Saber confrontar y alentar. Pareciera que estas dos actitudes no pueden estar presentes en una misma situación, pero es lo que Débora hace cuando primeramente llama a Barac para confrontarlo. ¿En qué consistía esa confrontación? En recordarle que Dios le había dado una orden muy clara pero también una promesa (Jue. 4:6). ¿Cuántas veces nuestro temor nos hace olvidar de las promesas que Dios tiene para nosotros y cuán necesario se hace que alguien venga con firmeza a sacarnos de ese lugar donde nos hemos refugiado? Hay un lugar y un momento correctos para confrontar a un hermano con su pecado, y la incredulidad es una gran ofensa contra Dios, porque cuando dudamos de lo que dice que hará, en realidad ponemos en duda Su carácter. Muchas veces, en los momentos de debilidad, en lugar de ir a Dios en busca de socorro, nos escondemos o postergamos hacer algo que sabemos que tenemos que hacer, siempre poniendo excusas, hasta que alguien nos hace volver al camino, a un pensamiento bíblico, a un enfoque correcto de la situación. Débora no solo confrontó a Barac con la palabra, sino que también lo alentó a cumplir su llamado. Lo ayudó a tener una visión más allá de lo natural y a recordar al Dios extraordinario que iba delante de él. Que el Señor, en Su misericordia, nos ayude siempre a ver esa realidad espiritual que va más allá de lo que nuestros ojos ven.

— Dar la gloria a Dios. El cántico que eleva es un acto de adoración a Dios por la victoria y salvación dada a Su pueblo de una forma tan asombrosa. Un verdadero siervo no se adjudica el mérito, sino que reconoce que solo el Señor es digno de recibir la gloria, la honra y el poder (Apoc. 4:11).

Odette Armaza vda. de Carranza

Capítulo 4

LA MUJER EN EL NUEVO TESTAMENTO

CUANDO LLEGÓ EL TIEMPO...

Pero cuando vino la plenitud del tiempo, Dios envió a su Hijo, *nacido de mujer*, nacido bajo la ley, a fin de que redimiera a los que estaban bajo la ley, para que recibiéramos la adopción de hijos (Gál. 4:4-5, énfasis añadido).

El tiempo fijado por el Dios Padre todopoderoso llegó. Se cumpliría todo lo que fue dicho en el Antiguo Testamento, bajo promesa o profecía, sobre el personaje central y único, presente en cada libro de la Escritura (Luc. 24:25-27). Su unigénito Hijo encarnado, «lleno de gracia y de verdad» hizo Su entrada al mundo: ¡Nuestro Señor Jesucristo! (Juan 1:14). Vino para cumplir el propósito determinado desde antes de la fundación del mundo:

la redención del hombre perdido y muerto en sus delitos y pecados (Juan 3:16; Ef. 2:4-5).

El Nuevo Testamento recoge el plan supremo de Dios Padre, Creador y Salvador, en la simiente que nacería de la mujer, por obra y gracia del Espíritu Santo, para quitar de en medio, con Su sacrificio en la cruz del Calvario, la herencia de pecado y condenación eterna, que cayó sobre toda la humanidad como consecuencia de la desobediencia de Adán y Eva en el Edén, cuando fueron engañados por la serpiente (Gén. 3). Tan pronto esto sucede, Dios da la promesa de redención, que sería cumplida por la simiente de la mujer (Gén. 3:15).

En esta simiente fueron hechas las promesas a Abraham, a Isaac y a Jacob; en ella serían benditas todas las naciones (Gén. 22:18; 26:4; 28:14). En Gálatas 3:16, Jesús es identificado como esa simiente.

Por la gracia de Dios y por la fe, estamos en Cristo Jesús, el cual se hizo para nosotros sabiduría de Dios, y justificación, y santificación, y redención (1 Cor. 1:30).

Su llegada al mundo fue como todo hombre, como un bebé, tal lo dijo la profecía (Isa. 7:14; 9:6-7), formado en el vientre de una virgen, pero revestido de realeza y autoridad divinas por toda la eternidad; portador de salvación (Luc. 1:31-33; 2:8-11, 25-32).

LA MUJER EN EL PLAN DE SALVACIÓN

La portadora del Señor

¡Cuán grande es Dios! En su gracia y soberanía escogió una mujer para llevar a cabo su plan redentor. Se proveyó un vientre para depositar en él, por obra del Espíritu Santo, a su Hijo Jesús, heredero del trono de David para siempre (Luc. 1:32-33).

Hay que reconocer que, si se habla de servicio a Dios, ¡este fue tan sublime, abnegado, desprendido y valiente! María, al ser visitada por el ángel y al expresarle la voluntad de Dios para ella (Luc. 1:26-31), siendo una joven tierna todavía, conociendo su cultura, sus leyes religiosas y las graves consecuencias a las que se exponía, obvió todo eso. No le importó la posibilidad de ser abandonada por su prometido, ni rechazada por su familia ni apedreada por adúltera; ¡le dijo *sí* al ángel!. Se entregó en obediencia total al Dios que ella conocía: «He aquí la sierva del Señor; hágase conmigo conforme a tu palabra» (Luc. 1:38).

Toda su vida fue de servicio a Dios al formar junto a José al unigénito de Dios (Luc. 2:40). Fue una vida de pruebas, dolor y sacrificio, pero se mantuvo fiel hasta el final, aun más allá de la partida de Jesús (Mat. 2:13-15; Luc. 2:1-7; 41-49; Juan 19:25-27; Hech. 1:14).

La escogida para traer al precursor
del Mesías Rey

Todo rey envía su mensajero delante de él antes de visitar algún lugar, para que le prepare el camino. También nuestro Rey de reyes tuvo el suyo; fue profetizado desde el Antiguo Testamento (Isa. 40:3). Otra vez, fue necesaria una mujer que le diera cobijo; esta bendición recayó sobre Elisabet, la prima de María, madre de Jesús. Era esposa del sacerdote Zacarías; ambos entrados en edad, justos e irreprensibles, obedientes a los mandamientos y preceptos (Luc. 1:5). El Dios soberano sanó su vientre de la esterilidad; quitó su afrenta entre los hombres para traer a Juan el Bautista (Mat. 3:13-17; Mar. 1:1-8; Luc. 1:13-17, 25).

Elisabet tuvo el privilegio, no solo de ser madre de Juan el Bautista, sino de discernir que su Señor estaba en el vientre de María, y al ser saludada por ella cuando la visitó, su criatura saltó en su vientre y fue llena del Espíritu Santo (Luc. 1:39-44).

Quizás te preguntes: ¿Y qué debemos valorar de estas dos mujeres? Además de su humildad y rendición a la voluntad de Dios, ratifican el rol dado a la mujer desde Génesis como ayuda idónea, que da vida y nutre. Queda para la posteridad su servicio al Dios vivo, al criar y formar hijos, bajo el liderazgo de sus esposos, instruyéndolos en el camino del Señor, en Sus preceptos, en obediencia a Su Palabra, para que a su vez sean hijos dignos que lo glorifican en todo. De Jesús, se resalta Su desarrollo, Su encuentro con los maestros en el templo y Su posterior sujeción a Sus padres (Luc. 2:40,

46-47, 49, 51-52). De igual manera, la Palabra registra cómo fue el crecimiento de Juan el Bautista (Luc. 1:80). Lo demás es bien conocido: ambos cumplieron a cabalidad el propósito de Dios para sus vidas.

La profetisa privilegiada, perseverante y fiel

Se llamaba Ana, hija de Fanuel, de la tribu de Aser, viuda, de edad muy avanzada. Su vida era servir al Señor en el templo noche y día con ayunos y oraciones. Ella anhelaba y esperaba la llegada del Mesías para que redimiera a Jerusalén. Su espera tuvo fruto, pues por gracia de Dios, llegó al templo cuando Jesús era presentado, y ella, junto con el justo y piadoso Simeón, recibieron por el Espíritu Santo la revelación de que ese era el Mesías, Salvador de todos, judíos y gentiles (Luc. 2:29-32). Y ella se encargó de hablar de Él a todos los que esperaban ser redimidos (Luc. 2:36-38).

Ana es ejemplo de entrega, perseverancia y fe. Dios retribuye a aquel que espera y cree en Él. Con su ejemplo, queda demostrado que la edad avanzada no es impedimento para hacer lo que le agrada a Dios ni para llevar el mensaje de salvación.

Jesús y Su ministerio

Cuando llegó la hora, fue bautizado por Juan el Bautista en el Jordán, para que se cumpliera toda justicia. El Espíritu descendió sobre Él como paloma. El Padre, desde el mismo cielo, lo declaró su Hijo amado en quien se complacía

(Mat. 3:13-17). Luego de ser llevado por el mismo Espíritu al desierto por 40 días y 40 noches para ser tentado por el diablo, habiendo salido victorioso, volvió en el poder del Espíritu a Galilea e inició Su ministerio (Luc. 4:1-15). En Nazaret, definió Su misión, profetizada en Isaías 61:1-2 (Luc. 4:16-21). Él había venido a buscar y a salvar lo que se había perdido (Luc. 19:10), y para dar Su vida en rescate por muchos (Mar. 10:45; Rom. 3:23-24).

EL CUMPLIMIENTO DE SU MISIÓN DE ALCANZAR A TODOS

Y tenía que pasar por Samaria (Juan 4: 4).

Aunque había enemistad entre judíos y samaritanos (reino del norte) como consecuencia de su mezcla racial y cultural con otros pueblos idólatras, a causa de su exilio a Asiria, Jesús actuó contra todas las normas establecidas que prohibían todo contacto ellos. Como a la hora sexta llegó a Sicar, ciudad de Samaria, y cansado del camino, se sentó junto al pozo de Jacob. Él sabía a quién esperaba a esa hora; conocía su condición, lo que iba a hacer en ella y lo que sucedería después. ¡Fue su gran encuentro con «la mujer samaritana»!

No era bien visto que un hombre judío hablara con mujeres, y menos con una samaritana, la cual, además, era excluida y desechada por la sociedad, dada su condición moral, por su mala reputación. Temerosa de encontrarse con otras personas y sentir su rechazo, solía ir bien lejos a buscar agua y a una hora demasiado caliente. Ella fue por agua física y se encontró con Aquel que da el «agua que brota para vida eterna» (Juan 4:13-14).

Fue una conversación de peso. Jesús la fue llevando hasta que tocó el punto crucial de sus pasados seis maridos (Juan 4:16-18). Ella vio en Él al profeta de Deuteronomio 18:18 y expresó su conocimiento sobre el lugar de adoración de sus padres, en contraposición a lo que decían los judíos. Jesús le dio revelaciones contundentes (vv. 20-24). Ante esto, ella dio señal de que, a pesar de su triste condición de pecado, conocía la promesa sobre el Mesías: «Sé que el Mesías viene (el que es llamado Cristo); cuando Él venga nos declarará todo (v. 25). ¿Y qué sucedió aquí? ¡Vaya! Es a esta mujer a quien Jesús confesó por primera vez quién era: «Yo soy, el que habla contigo» (v. 26). ¡Yo soy el Mesías esperado! ¿Te imaginas? ¡A la menos indicada, la descalificada, y estigmatizada! ¡Pero así es Jesús! ¡La escogió, la vio, la amó, la valoró, y la rescató para luego usarla para Su gloria!

Al recibir esta gran verdad, se olvidó de todo, dejó su cántaro y fue a la ciudad; ya no le importó para nada su situación pecaminosa ni su vergüenza. Llevó la buena nueva: «¿No será este el Cristo?» (vv. 28-29). Se convirtió en la primera vocera del reino para los samaritanos: «Y salieron de la ciudad e iban a Él» (v. 30). Por la palabra de esta mujer, muchos creyeron en Él; vinieron a Él, y le rogaron que se quedara con ellos, y se quedó allí dos días. El resultado fue grandioso: «Y muchos más creyeron por su Palabra»; y no solamente eso, sino que declararon que en verdad Jesús era «el Salvador del mundo» (vv. 39-42).

¿Qué les parece? La menos indicada fue de gran influencia, portadora del mensaje de vida. ¡Al recibir el toque del Señor, corrió a compartir su experiencia con los demás! ¡Qué lección dio el pueblo samaritano! Mientras los suyos lo rechazaban, ellos lo reconocieron como el Salvador.

JESÚS Y SUS COMPAÑERAS DE MINISTERIO

Lucas 8:1-2

La actitud de Jesús hacia las mujeres contrasta con las costumbres de Su tiempo. Me permito citar un comentario basado en el tema «Jesús y las mujeres»: «La cultura judía en el primer siglo, por lo general trataba a las mujeres como ciudadanas de segunda clase y tenían solo algunos de los derechos que los hombres poseían. Pero Jesús cruzó esas barreras y Lucas mostró la sensibilidad para con las mujeres. Trató a todas las personas por igual»[1]. Tenemos la prueba contundente en todo Su accionar, y especialmente en esta decisión de aceptar mujeres como compañeras de ministerio. Ningún rabino las tenía en su equipo. Estas son mujeres que fueron sanadas por Él de espíritus malos y de enfermedades. Rindieron sus vidas a Su servicio y a los apóstoles. Esto es *diakonía*. Desde Galilea hasta Su crucifixión, muerte y resurrección, lo sirvieron de sus

---

1. Biblia del diario vivir. Miami, FL: Editorial Caribe; pág. 1367.

bienes, le dieron compañía, soporte, con gran fidelidad. Fueron testigos de la proclamación y del anuncio de las buenas nuevas del reino de Dios, siendo bendecidas por la verdad del evangelio. De sus bienes contribuían al sostenimiento de ellos. De esto se deduce que entre ellas, había algunas de posición social y económica holgada.

«María Magdalena, de la que habían salido siete demonios, [...] Juana, mujer de Chuza, mayordomo de Herodes, y Susana, y muchas otras» (Luc. 8:2-3). Caminaron sometidas al liderazgo de Jesús. En Su crucifixión, estaban allí mirando de lejos (Mat. 27:55-57). También presenciaron Su muerte (Luc. 23:49; Juan 19:25).

María Magdalena y la otra María estuvieron vigilantes para saber con exactitud dónde lo pondrían, «sentadas frente al sepulcro» (Mat. 27:61; Mar. 15:47). Su amor por Jesús era tan grande que prepararon especias para ungirlo (Mar. 16:1; Luc. 23:56). Vivieron la experiencia palpable de la resurrección de Jesús, después de tener un gran encuentro con un ángel, quien les dio las buenas nuevas de que Él estaba vivo (Luc. 24:4, 6-8). Entonces, fueron comisionadas por el ángel para llevar el mensaje a los discípulos y a Pedro (Mar. 16:7).

María Magdalena fue la primera en ver a Jesús resucitado (Mar. 16:9; Juan 20:11-18). Su amor y gratitud hacia Jesús era tan grande, que lloraba al no poder verlo; estaba dispuesta aun a llevarse el cuerpo de Jesús para cuidarlo. Tal era su dolor y turbación que no lo reconoció cuando Él le habló.

Esta mujer tuvo también el privilegio de ser comisionada por Jesús mismo para llevar a sus hermanos las buenas nuevas de resurrección.

El poder de la gracia de Dios se manifestó de manera poderosa sobre estas mujeres, dejándonos grandes lecciones: Jesús no subestima a la mujer; ella lleva también la imagen de Dios. Ellas recibieron el mismo mensaje y la misma enseñanza junto con los demás (Luc. 24:6-9). Jesús aceptó su servicio y entrega, y que Su ministerio fuera, además, sostenido económicamente por ellas. ¡Las amó hasta el final!

El agradecimiento al Señor por Su preciosa obra salvadora, de liberación y sanación, mueve el corazón a una entrega fiel, de completa rendición, que, al desprenderse de todo, decide caminar con Él cada día.

La obra hecha en María Magdalena es contundente y grandiosa; la sacó del estado de posesión demoníaca en que vivía a la cordura total; de su desequilibrio mental y espiritual a la restauración genuina, tomando conciencia de que su nueva vida estaba cimentada en Él, por Él y para Él. Esto la llevó a servirlo fielmente, con amor, con valentía, obviando los obstáculos; dispuesta a todo sacrificio con tal de agradarle. ¡Este es el corazón del siervo!

Mujer que miras este ejemplo y piensas que no tienes remedio, que no hay esperanza para ti: ¡Observa con seriedad a María Magdalena! ¡Sopesa el poder y la misericordia del Señor para con ella! ¡Él vive y puede socorrerte, hacer nuevas todas las cosas en ti! ¡Cree en Él! (2 Cor. 5:17).

La vida de esta mujer y sus compañeras trascendió en el tiempo, y hoy, habla para fortalecernos en fe y en confianza en nuestro Señor, porque ¡todo es posible para Él! ¡Nos asegura el descanso! (Mat. 11:28; Mar. 10:27).

PABLO, EL APÓSTOL
QUE EMULA A SU SEÑOR

¿Quién iba a pensar que este hombre formado rigurosamente bajo la ley, celoso de los mandatos del judaísmo, religioso empedernido y perseguidor de la iglesia iba a ser transformado en el apóstol predicador de los gentiles, y defensor del cristianismo? Desde que Jesús lo interceptó camino a Damasco y lo tocó, su vida nunca más fue la misma. Padeció y murió por servir a Dios y por el evangelio (Gál. 2: 20; Ef. 3:8; Fil. 3:7-8).

Al igual que Jesús, Pablo demostró humildad, un carácter sensible, le fue fiel a su Señor hasta la muerte, agradecido sobremanera. También reconoció a las mujeres que trabajaron junto a él y le ayudaron en el ministerio. Esto nos demuestra que, en la iglesia primitiva, las mujeres también jugaron un papel importante. En Romanos 16, Pablo da recomendaciones y saludos personales, y a la primera que menciona es a Febe, la diaconisa de la iglesia en Cencrea. Pide que sea ayudada en todo, pues ella lo ha hecho también con otros y con él (vv. 1-2). Se dice que él le delegó la responsabilidad de llevar su carta desde Corinto a Roma.

Hay saludos especiales para sus colaboradores Priscila y Aquila, que eran tenderos igual que él. Vivían juntos en Corinto donde se conocieron, trabajaron en el ministerio, y luego los dejó en Éfeso. Esta pareja encaminó al elocuente Apolos en el camino del Señor, pues conocía solo el bautismo de Juan, aunque hablaba de Jesús (Hech. 18:24-26). Ellos arriesgaron su vida por Pablo (vv. 3-4).

Pablo también reconoce y saluda a diferentes mujeres por su arduo trabajo en el Señor; personas no conocidas quizás, pero esforzadas en la obra del ministerio, como María, Trifena, Trifosa, la hermana Pérsida, etc.

PABLO Y SU COSECHA EN FILIPOS (HECH. 16:11-15, 40)

A su llegada a Filipos, como no había sinagoga, en el día de reposo, Pablo se acercó al lugar donde un grupo de mujeres se reunía para orar. Les habló, y a Lidia, de la ciudad de Tiatira, vendedora de telas de púrpura y adoradora de Dios, el Señor le abrió el corazón para que recibiera lo que Pablo decía. Una vez convertida, se bautizó con su familia, rogando a Pablo y a Silas que fueran a su casa y se quedaran en ella. Aquí quedó manifestado el don de servicio, contribuyendo para las necesidades de los santos y practicando la hospitalidad (Rom. 12:6-7, 13; Heb. 13:2).

LA DISCÍPULA BONDADOSA: ¡SU EJEMPLO AÚN PERDURA! (HECH. 9:36-43)

Dorcas (Tabita, «gacela»). Era de Jope, y es la única mujer citada como «discípula» (seguidora de Cristo). Rica en buenas obras, caritativa y bondadosa, era solidaria con las necesidades de su prójimo. Tenía un especial cuidado de las viudas; les hacías túnicas y ropas. Su vida impactó a su comunidad por sus hechos.

Un día, enfermó y murió. Grande fue el lamento del pueblo. Movidos por la fe, recurrieron a Pedro, que estaba en Lida. Esperaban un milagro. Pedro vino, y el milagro se dio. Él oró y ella fue levantada para gozo de los suyos. La noticia corrió por todo Jope, y el impacto de su resurrección fue mayor porque «muchos creyeron en el Señor» (v. 42).

¿QUÉ ENSEÑANZA NOS DEJA SU VIDA?

- El don otorgado por el Señor debe ser usado, por más sencillo que sea, en beneficio de la iglesia.
- No hay que menospreciar lo que Dios nos ha dado.
- Hay que ser sensibles a las necesidades de los demás.

Su ejemplo de vida ha permanecido hasta hoy, pues son muchas instituciones que, apoyadas en su testimonio, se dedican a hacer obras de caridad.

En conclusión, podemos decir que cada mujer mencionada aquí está unida por el hilo del servicio en diferentes áreas, dada la multiforme gracia de Dios. Esto permea su esencia y propósito desde que fue creada: ser ayuda idónea, que complementa, que sustenta.

En pos de esto, tenemos un llamado y una promesa:

1- «Hacedlo todo para la gloria de Dios» (1 Cor. 10:31).

2- «Si alguno me sirve, que me siga; y donde yo estoy, allí también estará mi servidor; si alguno me sirve, el Padre lo honrará» (Juan 12: 26).

Magdalena Eñez de Núñez

Capítulo 5

LAS POSTURAS
DE LIDERAZGO

P ara comenzar este capitulo, creo que es importante que reconozcamos que muchas de las ideas que tenemos sobre el rol de la mujer en la iglesia han sido influenciadas por la cultura en la que vivimos. El problema comienza en que cada una de nosotras entra en el cristianismo con ideas erradas, ideas dictadas por el mundo, y creemos que tenemos la razón. Esto es complicado porque tenemos corazones engañosos (Jer. 17:9), nuestros deseos son contra el Espíritu (Gál. 5:17) y nuestra mente tenía y todavía tiene áreas que están entenebrecidas (Ef. 4:18), porque Satanás ha cegado el entendimiento de los incrédulos (2 Cor. 4:4). Por esto Pablo nos recuerda que debemos transformar nuestras mentes para conocer la buena voluntad de Dios (Rom. 12:2).

Pero antes de comenzar, reconozco que es posible que algunas que leen este libro tengan sus propias ideas, y nuestra meta no es imponer las nuestras sino buscar los principios bíblicos, porque nuestro deseo es glorificar al Señor en todo lo que hacemos (1 Cor. 10:31). San Agustín dijo una frase que, en caso de ponerla en práctica, nos ayudará en toda nuestra vida, y es que debemos tener «en lo esencial, unidad; en lo no esencial, libertad; en todas las cosas, caridad»[1].

Para entrar en las diferentes posturas, creo que lo mejor es definir las que existen y luego estudiar lo que la Biblia nos instruye. Es importante entender que las diferentes posturas se originan en la interpretación de la función de la Trinidad. Aunque cada persona de nuestra Trinidad tiene igual valor, están en unidad total, se someten uno al otro y moran uno en el otro. La pregunta es si la sumisión del Hijo al Padre fue temporal mientras tomó la forma del hombre y luego volvió a su estado de igualdad después de la resurrección o, aunque son iguales en valor, siempre hubo una jerarquía en Sus roles y cómo funcionan entre sí.

Las cuatro posturas son:

1- Patriarcal o hipercomplementarismo: Los hombres son superiores a las mujeres y deben liderar en todas las áreas de la vida. Hay diferencias fisiológicas, intelectuales y psicológicas entre los sexos que hacen que cada uno sea adecuado específica y solamente en su rol. El

1. Marco Antonio de Dominis. *De Republica Ecclesiastica* (Londres: Billius, 1617), 1:676.

hombre es el líder y la mujer debe someterse en todo. El hombre toma todas las decisiones y la mujer es quien maneja la casa hasta que los hijos son adultos. La mujer casada no debe trabajar fuera de la casa, especialmente si tiene hijos.

2- Matriarcal: Las mujeres son superiores a los hombres en inteligencia; son mas cariñosas y entonces deben tener posiciones de liderazgo en el hogar, en la iglesia, en el trabajo, en la comunidad y en la política. Las mujeres son las fuertes y los hombres son pasivos.

3- Igualitarismo: Los hombres y las mujeres son iguales en valor, y las oportunidades están basadas en las habilidades y los llamados individuales y no en roles establecidos por el sexo individual. Los roles se deciden en colaboración y en función de la manera en que Dios dota a cada uno y las preferencias de cada uno. Esto es igual en el hogar, en la iglesia o en las carreras.

4- Complementarismo: Las mujeres están creadas de manera única para ser compañeras de los hombres y sus dones y perspectivas se complementan y a menudo juegan un papel importante en el éxito del papel que Dios les ha dado, tal como en el liderazgo, el trabajo y el ministerio. Para este grupo, la centralidad del núcleo familiar es la piedra angular no solamente en la familia, sino también en la iglesia y la cultura. Dios está restaurando las relaciones humanas para reflejar las relaciones jerárquicas de la Trinidad[2].

Se nota claramente que las cuatro posturas tienen tantas diferencias que todas no pueden ser verdad, porque una contradice a la otra. Entonces, nuestro rol en este capítulo es buscar la verdad bíblica. No hay ningún versículo bíblico que hable específicamente sobre una postura en particular, y entonces, la forma de buscar la verdad es estudiando las Escrituras en forma panorámica.

La Biblia es clara en que el hombre y la mujer fueron creados a imagen de Dios (Gén. 1:27). Para entender un poco más de este versículo, la palabra hebrea utilizada para «hombre» en este versículo es *hadam*, que significa «seres humanos», mientras que la palabra para «varón» es *zakhar* que significa una persona masculina. Entonces, la primera palabra para hombre incluye los dos sexos y por ende uno no es superior al otro, descartando las posturas tanto patriarcal como matriarcal.

Entonces, nos quedamos con las otras dos posturas: el complementarismo y el igualitarismo.

Aquellos que creen en el igualitarismo apuntan a Gálatas 3:28 como su versículo lema para justificar la creencia. El versículo nos dice: «No hay judío ni griego; no hay esclavo ni libre; no hay hombre ni mujer; porque todos sois uno en Cristo Jesús». El libro entero de Gálatas fue escrito para

---

2. Cole, Kadi. *Developing Female Leaders.* Versión Kindle, pág. 26.

clarificar que la salvación es por fe y no por obras. Y el capítulo 3 aclara específicamente que no solamente la salvación es por fe, sino que los gentiles están incluidos en esta misma salvación. Entonces, termina con los versículos 28-29: «No hay judío ni griego; no hay esclavo ni libre; no hay hombre ni mujer; porque todos sois uno en Cristo Jesús. Y si sois de Cristo, entonces sois descendencia de Abraham, herederos según la promesa».

Utilizar este versículo para justificar roles es sacar lo que fue escrito de su contexto. Es interesante que, aparte de decir que no hay hombre ni mujer, otra cosa que dice es que no hay esclavo ni libre. Cuando leemos el libro de Filemón, vemos que Onésimo había escapado ilegalmente de la casa de su amo, y Pablo recomendó a Onésimo volver a la casa de Filemón. Si el versículo en Gálatas estaba escrito para roles, entonces él recomendaría a Filemón a dejarlo libre, porque ahora era creyente. Sin embargo, exigió que Onésimo volviera a su amo. Si este pasaje hablaba de roles, entonces Pablo no tenía el derecho de mandar a Onésimo a la casa de Filemón de nuevo. También, en 1 Corintios 7:20-21, Pablo recomienda permanecer en la condición en que uno está cuando Dios lo llama, a menos que se le ofrezca la libertad.

Los versículos que el complementarismo utiliza para justificar sus creencias son 1 Timoteo 2:11-14. El versículo 12 nos dice: «Yo no permito que la mujer enseñe ni que ejerza autoridad sobre el hombre, sino que permanezca callada». Y los versículos 13-14 nos dicen por qué: «Porque Adán fue creado primero, después Eva. Y Adán no fue el engañado, sino que la mujer, siendo engañada completamente, cayó en transgresión».

Para entender la lógica de Pablo, es importante entender la cultura del pueblo judío, el cual fue el primero al que Dios se reveló. En Génesis 2:7, leemos: «el SEÑOR Dios formó al hombre del polvo de la tierra, y sopló en su nariz el aliento de vida; y fue el hombre un ser viviente». El hombre fue creado primero y, en la cultura hebrea, el liderazgo fue dado a través de la primogenitura. Este concepto se puede estudiar en muchos y diferentes versículos, pero les daré solamente uno aquí; Éxodo 13:2: «Conságrame todo primogénito; el primer nacido de toda matriz entre los hijos de Israel, tanto de hombre como de animal, me pertenece». En la familia hebrea, el primogénito tenía la segunda posición en la familia. Recibía el doble de la herencia y ocupaba la posición del padre cuando este moría. Como Adán fue creado primero, a él le pertenecía la primogenitura. También leemos en Génesis 3:20: «Y el hombre le puso por nombre Eva a su mujer, porque ella era la madre de todos los vivientes». De nuevo, en la cultura hebrea, quien nombra a alguien también tiene autoridad sobre ellos. Esto es mas fácil de entender porque es así en nuestras culturas también; los padres tienen autoridad sobre sus hijos.

Para entender el complementarismo, tenemos que volver al principio, con la creación de la mujer. En Génesis 2:18, leemos «el SEÑOR Dios dijo: No es bueno que el hombre esté solo; le haré una ayuda idónea» (*ezer k'enegdo*, en hebreo). Es claro aquí que el diseño de la mujer como ayuda idónea fue dado antes de la caída, y entonces no fue debido a su pecado.

Para entender mejor esto, debemos saber algo sobre la palabra *ezer*, utilizada para «ayudador». Esta misma palabra fue utilizada 21 veces en el Antiguo Testamento, de las cuales 19 describen a Dios mismo. Leeremos solamente uno; Deuteronomio 33:29: «Dichoso tú, Israel. ¿Quién como tú, pueblo salvado por el SEÑOR? Él es escudo de tu [*ezer*] ayuda, y espada de tu gloria. Tus enemigos simularán someterse ante ti, y tú hollarás sus lugares altos». ¿Dios es inferior a Su pueblo? La respuesta es clara, entonces tenemos que reaprender lo que significa *ayudador* en términos bíblicos.

Ahora, la palabra *k'enegdo*, utilizada para «idónea», significa un reflejo como en un espejo; igual pero opuesto, diseñado para encajar perfectamente. La realidad es que el mundo no puede funcionar correctamente sin los dos sexos. Que Dios nos haya creado a Su imagen significa que fuimos creados para representarlo mientras caminamos aquí. Pero como Dios es infinito, y nosotros finitos, Él creó a la mujer con ciertas características de Él y al hombre con otras, porque solamente Dios puede tener todas, y cuando trabajamos como equipo en armonía, esto revela a Dios ante el mundo. Con esta perspectiva, somos iguales en valor, pero tenemos roles diferentes.

El rol del hombre está explicado en Génesis 2:15, donde se nos dice: «Entonces el SEÑOR Dios tomó al hombre y lo puso en el huerto del Edén, para que lo cultivara [*abad*] y lo cuidara [*shamar*]». La palabra *abad* (cultivar) significa servir a otros, y *shamar* (cuidar) significa estar a cargo de, proteger, guardar, vigilar y supervisar. El liderazgo masculino bíblico es el de un líder siervo, y no un mandón. El rol complementario bíblico es que los hombres tienen un papel único para dirigir, pero no para sus propios intereses, sino más bien para apartarse de ellos por el bien de las mujeres y niños a su cargo. Este hombre nunca utilizará abuso, maltrato o la trivialización de las mujeres. Es un liderazgo sacrificial que imita a Jesús. Por eso Pablo nos explica en Efesios 5 que la relación entre esposos debe ser parecida a la relación de Cristo con Su iglesia (Ef. 5:22-33). Como la analogía es dada como una relación matrimonial, y Dios es nuestro Padre, entonces los líderes de la iglesia deben liderar en una forma paternal, cuidando el cuerpo de Cristo (1 Cor. 12:14). Según lo que nos enseña 1 Corintios 12:7, a cada miembro de la iglesia le ha sido dado dones para el bien común de la iglesia; entonces, los líderes deben equipar y empoderar a las mujeres de sus congregaciones para que edifiquen el cuerpo de Cristo y utilicen sus dones, no solo por su propio bien, sino por el bien de la iglesia.

En el complementarismo, la mujer debe someterse a su esposo y a los líderes de la iglesia, pero es importante resaltar que las mujeres no son las únicas llamadas a ser sumisas, sino también cada cristiano, sin importar su sexo. Bíblicamente, el esclavo debe someterse a su amo (1 Ped. 2:18), los creyentes a las autoridades (Rom. 13:1), tiene que haber una sumisión mutua entre creyentes (Ef. 5:21) y de todos los creyentes a Dios (Sant. 4:7).

Lo que quiero clarificar es que la sumisión bíblica no es igual que la sumisión secular. La sumisión bíblica no implica inferioridad, sino una actitud reverente. En Juan 5:19, leemos que Jesús se sometió al Padre y sabemos que Él y el Padre fueron uno (Juan 10:31). Y Hebreos 1:3 nos recuerda que Jesús es la expresión exacta de la naturaleza del Padre. Entonces vemos de nuevo que no es una cuestión de inferioridad, sino de rol. Por lo tanto, en el liderazgo femenino, las mujeres se someten a los líderes de su iglesia.

Para terminar, quiero elegir a un personaje bíblico que creo demuestra el corazón de Dios en el liderazgo femenino. Miriam, la hermana de Moisés, fue una mujer usada por Dios desde temprana edad cuando, en sumisión a su madre, vigiló a su hermano menor mientras estaba escondido en una cestilla a la orilla del río Nilo, y sugirió buscar una nodriza a la hija de Faraón para cuidarlo (Ex. 2). La próxima vez que leemos sobre ella es cuando la identifican como profetisa y líder de las mujeres de Israel (Ex. 15:20-21).

Ella trabajó al lado de sus dos hermanos por muchos años, pasando por todas las tribulaciones con ellos, pero al final de su vida, perdió la sumisión a Moisés y, junto con Aarón, comenzó a criticarlo y murmurar contra su hermano. La excusa dada fue que Moisés estaba casado con una cusita. Sin embargo, en Números 12:2, leemos que realmente fue por no querer someterse a Moisés: «¿Es cierto que el SEÑOR ha hablado sólo mediante Moisés? ¿No ha hablado también mediante nosotros?». ¿Se nota que su deseo era estar en el mismo rol que su hermano? El problema para Miriam fue que «el SEÑOR lo oyó», y la reprendió. Por castigo, Miriam contrajo lepra. Moisés intercedió por ella y el Señor la curó, pero Miriam tuvo que quedarse siete días fuera del campamento. Fue una disciplina pública porque el pueblo no solamente vio su castigo sino que no pudo seguir caminando en el desierto por los siete días que ella se quedó fuera.

La próxima vez que leemos sobre ella es cuando se murió en el desierto de Zin. Mientras trabajaba en sumisión a su líder, tuvo una influencia sobre las mujeres; sin embargo, cuando fue desobediente y rehusó someterse a su autoridad, Dios le quitó esa influencia.

El trabajo del Señor siempre es en equipo. Se nota que, aunque Miriam pecó contra su hermano, Moisés, en sumisión a Dios y siendo un líder siervo, intercedió por ella. Cuando cada persona obra en sumisión a Dios en la forma en que Él exige, hay paz en las relaciones y Dios es glorificado en la tierra.

Catherine Scheraldi

Capítulo 6

CÓMO CULTIVAR NUESTRO CARÁCTER

Nuestras vidas no paran. Vamos todo el tiempo de una cosa a otra: el servicio en la iglesia, las responsabilidades del hogar, las ocupaciones laborales y los ajetreos del día a día, pero muy poco nos detenemos a prestarle atención a lo más importante, aquello que impactará todas las esferas de nuestra vida: nuestro carácter.

El carácter representa la esencia misma de nuestro ser manifestada a través de nuestros pensamientos, deseos, intenciones y acciones. Eso que somos en los momentos de oscuridad, aquello que sale de nosotras cuando somos presionadas.

A Dios le importa lo que somos por encima de lo que hacemos. En 1 Samuel 16:7, encontramos las conocidas palabras de Dios al profeta Samuel en el momento en que él debía identificar a aquel que Dios designaría como rey: «Pero el SEÑOR dijo a Samuel: "No mires a su apariencia, ni a lo alto de su estatura, porque lo he desechado; porque Dios no ve como el hombre ve, pues el hombre mira la apariencia exterior, pero el SEÑOR mira el corazón"».

Notemos que en este pasaje, Dios le está diciendo esto a un profeta. ¿Acaso un profeta necesitaba un recordatorio de algo tan básico? Así es, él lo necesitaba en ese momento y tú y yo lo necesitamos hoy porque todos tenemos la tendencia de enfocarnos en lo de afuera y descuidar lo que hay en el corazón. Enfocarnos en el hacer y descuidar el ser siempre terminará llevándonos a terrenos peligrosos.

Podemos cometer el error de pensar que nuestra mucha actividad es igual a bienestar espiritual. Pero lucir bien externamente no necesariamente implica que estamos espiritualmente saludables. Participar del servicio poniendo en práctica nuestros muchos talentos no necesariamente implica que tenemos un carácter piadoso.

El talento que podemos poner al servicio de otros es un don, pero el carácter, que es lo que genuinamente somos, es una decisión, y una de gran importancia, porque lo que somos influirá en cada área de nuestra vida.

LA INFLUENCIA DEL CARÁCTER

El libro de Proverbios nos enseña que, como pensamos dentro de nosotras, así somos (Prov. 23:7). Dada la importancia de nuestro carácter, necesitamos entender de qué manera influye en diferentes aspectos vitales de nuestro caminar como mujeres creyentes.

NUESTRO CARÁCTER DETERMINA LA MANERA EN LA QUE VEMOS Y RESPONDEMOS A LAS ADVERSIDADES

Nuestras dificultades ponen en evidencia lo que hay dentro de nosotras y nos muestran cuáles son los ídolos de nuestro corazón y las grietas en nuestro carácter. Con cada adversidad, vendrán diferentes decisiones que terminarán llevándonos hacia un lugar u otro: el fortalecimiento de un carácter piadoso a través de la toma de decisiones que contribuyan a nuestra semejanza a Cristo, o el camino de la transgresión en el que elegimos depositar nuestra confianza y someter nuestra voluntad a cualquier otra cosa que no es Dios.

La adversidad revela lo que genuinamente somos. «Nadie ha atravesado una crisis mayor que nuestro Señor Jesucristo en la cruz, donde estuvo clavado y abandonado por el Padre. Y allí en su peor momento exclamó: *Padre perdónalos porque no saben lo que hacen* (Lucas 23:34). La cruz fue carácter santo en despliegue o exhibición total»[1].

Un carácter piadoso, semejante a la imagen de Cristo, es lo que determinará la manera en la que vemos y enfrentamos nuestras circunstancias.

La vida de María, la madre de nuestro Señor, es un ejemplo de esto. Cuando María recibió la noticia de que estaba embarazada de Aquel que sería el Salvador del mundo, ella

---

1. Núñez Miguel. *Vivir con integridad y sabiduría*, Nashville: TN, B&H Español, 2016, pág. 142.

era una adolescente que todavía no se había casado con José (Mat. 1:18). Una noticia tan increíble como esta pudo haberla llevado al temor y a fijar sus ojos en todo lo que esto podía implicar para ella a nivel social y en su relación con José. Pero eso no fue lo que sucedió. Ella decidió poner su confianza en los planes y propósitos de Dios: «He aquí la sierva del Señor; hágase conmigo conforme a tu palabra» (Luc. 1:38). Su carácter determinó su perspectiva ante las circunstancias.

Un carácter piadoso que ha sido intencionalmente cultivado tendrá una perspectiva apropiada de las circunstancias y reaccionará a ellas conforme a las verdades de las Escrituras.

En medio de una crisis económica, una mujer con un carácter piadoso confiará en Aquel que la sustenta y es su proveedor (Sal. 37:25). Pero aquella que tiene grandes grietas en su carácter podría responder buscando suplir su necesidad de maneras ilegítimas.

En medio de las heridas de una relación, una mujer con un carácter piadoso tomará la decisión de perdonar y mostrar gracia aun cuando el otro no lo merezca, porque reconoce lo mucho que ella ha recibido de Cristo. Mientras que una mujer con un carácter no cultivado podría buscar la manera de hacer justicia por mano propia y hacer pagar a aquellos que la han herido.

Nuestro carácter determina nuestra perspectiva ante las diferentes circunstancias, y revela lo que genuinamente hay en nuestro interior.

¿La buena noticia? En Cristo hay redención. Cuando hemos visto las grietas de nuestro carácter, Jesús nos invita a ir a Él en arrepentimiento y nos promete que, si confesamos nuestros pecados, Él es fiel y justo para perdonarnos y para limpiarnos (1 Jn. 1:9).

¿Qué han revelado las adversidades sobre tu corazón? ¿Dónde está puesta tu confianza? ¿Las decisiones que tomas en medio de las pruebas contribuyen a fortalecer tu carácter o a debilitarlo?

Sea cual sea la respuesta a estas preguntas, Jesús te invita a ir a Él y promete que no echará fuera a todo el que se acerque (Juan 6:37).

EL CARÁCTER DETERMINARÁ NUESTRA RESPUESTA A LAS TENTACIONES

Mientras más moldeado a la imagen de Cristo sea nuestro carácter, más fácil nos será identificar y rechazar las tentaciones que toquen a nuestra puerta. La condición de nuestro carácter determinará nuestra respuesta a las tentaciones. Una mujer con grietas en su carácter verá la tentación como algo que necesita, y será fácilmente arrastrada por su oferta engañosa.

Pero cuando la tentación llega a la vida de alguien que, en el poder de Cristo, ha cultivado su carácter, podrá identificarla como tal y tendrá la fortaleza para rechazarla y tomar la vía de escape provista por el Señor ante cada tentación (1 Cor. 10:13).

La vida de José es un gran ejemplo de esto. Luego de que José fue vendido por sus hermanos, lo compró Potifar, un oficial egipcio de Faraón, y la Biblia nos dice que Dios prosperaba todo lo que José hacía, así que Potifar lo puso como mayordomo sobre su casa. Al tiempo, la esposa de Potifar miró a José con deseo y le propuso que se acostara con ella, pero él se rehusó y respondió: «¿Cómo entonces iba yo a hacer esta gran maldad y pecar contra Dios?» (Gén. 39:9). Pero ella siguió insistiendo día tras día hasta que la tentación llegó a tal punto que a José no le quedó más remedio que salir corriendo (Gén. 39:12).

La fortaleza de carácter de José le permitió identificar la tentación y verla como una gran ofensa contra Dios y contra aquel hombre que había puesto su confianza en él. José no estuvo dispuesto a comprometer sus convicciones. Una respuesta como esa solo es posible en el poder del Espíritu, que obra a través de un carácter firmemente arraigado en Dios.

EL CARÁCTER IMPACTARÁ
MI SERVICIO A LOS DEMÁS

Somos pecadoras que sirven a otras pecadoras. Esta es una realidad escrita en una breve línea, pero con grandes implicaciones para nuestro servicio. En la medida en que tenemos la oportunidad de caminar y servir a otras, nos daremos cuenta de las demandas y las decepciones que a veces supone el servicio. La falta de gratitud, las expectativas en el lugar incorrecto, las exigencias, el dolor de ver a aquellas a quienes servimos y amamos perseverar en el pecado y la gran responsabilidad que implica servir a otras de una manera que sea agradable a Dios... todo esto no es poca cosa.

Si en medio de esto no tenemos un carácter firme, una vida que mantiene sus ojos en el lugar correcto, que recuerda que Jesús es el motivo por el cual hacemos lo que hacemos, terminaremos tirando la toalla ante la primera decepción.

Solo un carácter firme en Cristo nos ayuda a permanecer. Jesús mismo modeló una fortaleza de carácter como nadie más. En medio de la ingratitud y el maltrato de aquellos a quienes servía, por el gozo puesto delante de Él soportó el sufrimiento (Heb. 12:2).

EL CARÁCTER DETERMINARÁ MI INFLUENCIA

Vivimos en una generación donde muchos buscan estar en una posición de influencia, pero pocos están dispuestos a cultivar lo que verdaderamente impacta.

No podemos perder de vista que Dios es el que da la influencia que tenemos sobre la vida de otros. Es la labor del Espíritu Santo abrir los ojos, dar convicción de pecado, consolar y llevarnos a nosotras y a otras a aplicar las Escrituras.

Por otro lado, ciertamente de Dios viene la influencia, pero en Su gracia y bajo Su poder, tenemos la oportunidad de impactar la vida de otros, y ese impacto estará determinado por la fortaleza o la debilidad de nuestro carácter.

En Mateo 23, Jesús le habla a la multitud y a Sus discípulos sobre los fariseos y les dice: «De modo que haced y observad todo lo que os digan; pero no hagáis conforme a sus obras, porque ellos dicen y no hacen». Estas son palabras fuertes. Jesús está condenando a los fariseos porque no viven lo que predican, sus palabras parecen ser muy piadosas, pero no tienen un carácter que las respalde.

Todas nosotras tenemos personas a nuestro alrededor a las que nuestras vidas pueden ministrar; ya sea que tengas la oportunidad de enseñar con regularidad a otras mujeres, en tu hogar a tus hijos, o que tu vida misma hable en tu lugar de trabajo o con tus distintas relaciones. ¿Pueden otros decir que la manera en la que vives ha impactado sus vidas? ¿O estas palabras de Jesús a los fariseos se aplican a ti también?

Nuestro carácter, eso que somos internamente, tendrá un impacto para bien o para mal en aquellos a los que tenemos la oportunidad de ministrar.

CÓMO CULTIVAMOS NUESTRO CARÁCTER

Hay un botón que a veces me gustaría que existiera. Uno que pudieras presionar y todo lo que quieras lograr quede listo al instante. Necesito limpiar mi casa, presiono el botón y ¡listo! Necesito concluir un proyecto, presiono el botón y ¡listo! Quiero aprender algo nuevo, presiono el botón y ¡listo! Pero la idea de este botón no es real y tampoco sería algo bueno para nuestras vidas, porque cada proceso en pos de algo es lo que nos da la oportunidad de crecer.

No existe un botón para el crecimiento de nuestro carácter. Como creyentes que queremos ser más y más como Cristo, necesitamos ser intencionales en cultivarlo. Ahora, déjame dejar algo en claro: en última instancia, el crecimiento de nuestro carácter descansa en la gracia y el obrar de Dios. Él es el que obra en y a través de nosotras pero, al mismo tiempo, Él mismo nos llama a buscar crecer: «Así que, amados míos, tal como siempre habéis obedecido, no solo en mi presencia, sino ahora mucho más en mi ausencia, ocupaos en vuestra salvación con temor y temblor; porque Dios es quien obra en vosotros tanto el querer como el hacer, para su beneplácito» (Fil. 2:12-13).

Es importante aclarar que estos versículos no me están hablando de lo que debo hacer para conseguir salvación o para preservarla, porque no hay nada que pueda hacer para ganármela, y si genuinamente la he recibido, no hay nada que pueda hacer para perderla, porque mi salvación está segura en Cristo. Lo que sí vemos aquí es que esa salvación que ya se ha recibido debe cuidarse de manera intencional y continua a través de una vida de obediencia y sumisión a las Escrituras. Cultivar nuestro carácter requiere perseverancia. No es una acción de un momento. Es la tarea de toda una vida.

Si queremos experimentar transformación en nuestras vidas necesitamos, de manera intencional, planear para crecer en santidad.

Aquí te comparto algunos medios que Dios utiliza para el crecimiento de nuestro carácter:

NUESTRAS CIRCUNSTANCIAS

No tenemos control de las circunstancias que enfrentamos, pero sí decidimos cómo reaccionamos ante ellas.

Como ya vimos, las dificultades ponen en evidencia las grietas de nuestro carácter, pero también nos proveen la oportunidad de tomar decisiones que contribuyan a su fortalecimiento.

El Señor usa cada una de las dificultades que orquesta en nuestras vidas para formarnos a la imagen de Su Hijo y producir en nosotras un carácter probado (Rom. 5:3-4). Ahora bien, 2 Corintios 4:16-18 nos enseña lo que debe ocurrir en medio de nuestras dificultades para que nuestro ser interior sea fortalecido: «Por tanto no desfallecemos, antes bien, aunque nuestro hombre exterior va decayendo, sin embargo nuestro hombre interior se renueva de día en día. Pues esta aflicción leve y pasajera nos produce un eterno peso de gloria que sobrepasa toda comparación, al no poner nuestra vista en las cosas que se ven, sino en las que no se ven; porque las cosas que se ven son temporales, pero las que no se ven son eternas».

¿Te diste cuenta? Hay una condición para que se produzca en nosotras ese fortalecimiento de lo que somos internamente. No es «vienen las pruebas e inmediatamente crece mi carácter». Pablo nos está diciendo que hay algo que debemos hacer.

Por nuestra naturaleza caída, nuestra tendencia en medio de la aflicción es poner nuestra mirada en aquellas cosas que

vemos. En lo doloroso de nuestra aflicción, en las consecuencias que está trayendo a nuestras vidas, en la realidad de no
tener eso que tanto anhelo, o las implicaciones terrenales que
pudieran llegar si mi situación no cambia.

Pero lo que Pablo nos está diciendo es que quitemos nuestra vista de lo que se ve y que entonces llevemos nuestra
mirada a las cosas que no se ven, porque esas son eternas.

Pablo soportó sus aflicciones y llegó a verlas como leves
y pasajeras, porque miró más allá del momento transitorio.

Pero lo invisible, aquello que este pasaje nos está llamando
a mirar, es eterno: Dios mismo (Padre, Hijo y Espíritu Santo),
las promesas de Dios que son sí y amén en Cristo. La realidad
de una morada celestial en la que no habrá más dolor ni más
llanto y en la que el Cordero mismo estará con nosotras.
Cuando ponemos nuestros ojos ahí y actuamos en base a esa
realidad y no a nuestras circunstancias, nuestro ser interior
se fortalece.

LAS ESCRITURAS

No hay transformaciones apartadas de la Palabra. «Santifícalos
en la verdad; tu palabra es verdad» (Juan 17:17).

La Palabra es el instrumento santificador por excelencia.
Nos confronta como nadie puede hacerlo, nos guía, nos trae
esperanza, nos da la perspectiva correcta, nos purifica, nos
capacita, nos da entendimiento, nos lleva a crecer en sabiduría, nos sostiene y nos provee esperanza.

Si queremos crecer en santidad, necesitamos de manera intencional exponernos a las Escrituras, pero esto debemos hacerlo con un corazón dispuesto a someterse a ella. El pastor Andrew Murray dijo que «nosotros encontramos la vida cristiana difícil porque buscamos la bendición de Dios mientras vivimos según nuestra propia voluntad. Hacemos nuestros propios planes y elegimos nuestra propia obra y entonces le pedimos al Señor Jesús que vele y evite que el pecado nos envuelva, y que no nos alejemos demasiado de la ruta. Pero nuestra relación con Jesús debe ser tal que estemos enteramente a su disposición. Cada día debemos ir primero a Él en humildad y decir: "Señor, ¿hay algo en mí que no sea conforme a tu voluntad, que no ha sido ordenado por ti o que yo no te dedique completamente a ti? ¿Qué quieres que haga hoy?"»[2].

Esa es la clase de sumisión que transforma nuestro carácter y nos lleva a ser más como Cristo.

Pero hay algo más. Debemos conocer las Escrituras, someternos a ella, pero también necesitamos hacerlo en meditación. «Pero todos nosotros, con el rostro descubierto, contemplando como en un espejo la gloria del Señor, estamos siendo transformados en la misma imagen de gloria en gloria, como por el Señor, el Espíritu» (2 Cor. 3:18).

El pasaje nos dice que vamos siendo transformadas mientras contemplamos la gloria de Dios. La meditación en el Señor, en Su Palabra y en las verdades de Su

---

2. Núñez Miguel, *Vivir con integridad y sabiduría*, pág. 160.

evangelio juegan un papel fundamental en nuestro proceso de santificación.

Si hay algo que nos caracteriza es la falta de meditación, lo poco que nos detenemos a reflexionar en la Palabra y en cómo el evangelio impacta cada área de nuestra vida. Todo lo queremos de manera rápida e instantánea, pero no hay transformación de microondas.

Vamos siendo transformadas mientras contemplamos al Señor. El pastor John Piper dice que «nosotros nos convertimos en aquello que más contemplamos. Si tú admiras la gloria de Dios y todos sus caminos más que cualquier otra cosa, tú serás cada vez más y más conformado a eso»[3].

Si queremos cultivar nuestro carácter debemos ser intencionales en ir a las Escrituras en meditación y obediencia a ella de manera continua.

PARA SU GLORIA Y NUESTRO BIEN

Cultivar nuestro carácter debe ser una prioridad para nosotras como creyentes, no para ganarnos su favor o su aceptación porque eso ya lo hemos recibido en Cristo. Lo hacemos como una respuesta de obediencia y porque una vida más como la de Él trae gloria a Su nombre y bienestar a nuestras vidas.

¿Quieres ser más como Cristo? Míralo a Él en medio de tus circunstancias, conócele a través de su Palabra, contémplale

3. Piper, John, «*What You Admire Is What You're Becoming*». https://www.desiringgod.org/interviews/what-you-admire-is-what-youre-becoming

en meditación, sométete a Su voluntad y que en medio de esto el Espíritu Santo obre la transformación de tu carácter que sólo Él puede dar.

Paty Namnún

Capítulo 7

LÍMITES MINISTERIALES

Límites. Esa palabra no nos gusta mucho. Desde el principio, la vemos como un impedimento, una traba, una restricción de algo. Todo comenzó cuando Eva, de quien ya hemos escuchado, decidió que los límites establecidos por Dios en Edén no eran para su bien. Miró aquel árbol, que Dios había puesto fuera de su alcance, y dio un paso que cambió para siempre el curso no solo de su historia, sino de la nuestra. Traspasar dichos límites tuvo un resultado fatal. Entró el pecado al mundo y, con él, la muerte, física y espiritual.

Después de aquel día funesto, los límites se hacen todavía más necesarios porque tenemos una naturaleza caída que tiende al mal y no al bien. Nuestro corazón pecador prefiere lo que a la vista podría parecer atractivo pero que «al final, es camino de muerte», como indica Proverbios 14:12. Ese corazón es engañoso y nos hace creer que sabemos lo que nos conviene, lo que es mejor, y que no necesitamos que nadie nos ponga límites.

¿Sabes?, es que no lo hemos entendido bien. En Edén, aquel árbol era una señal de obediencia a los límites que Él había puesto. Los límites de Dios no son para «aguarnos la fiesta»; ¡al contrario! De la misma manera en que una mamá limita el espacio en que su hijo pequeño puede jugar, para evitar peligros que él no reconoce y que pueden hacerle daño, cuando Dios establece límites lo hace con nuestro bien en mente. Y cuando en nuestra Biblia leemos algún «no» de parte de Dios, la finalidad es nuestra protección, ya sea que en principio lo entendamos o no. ¿Por qué podemos afirmarlo? Porque Dios es nuestro Padre, y como buen Padre, busca nuestro bien. Pero además, es nuestro Pastor, el buen pastor que protege a las ovejas y, para ello, cuando es necesario, las guarda dentro de los límites de Su redil.

Como mujeres que anhelamos servir a Dios, es importante que entendamos que en esto también debemos operar dentro de los límites establecidos por Él para nosotras.

EL MINISTERIO DENTRO DE LA IGLESIA

Tal vez, antes de seguir adelante, debamos definir la palabra *ministerio* o *ministro*. Las palabras que se traducen de esta manera tanto en el Antiguo como en el Nuevo Testamento tienen una connotación de servicio, de servidor. Un ministro es sencillamente una persona que presta servicio a otra, y el ministerio es toda tarea de servicio. De modo que, visto de esta manera básica, cada cristiano está llamado al ministerio; es decir, al servicio de los demás.

Ahora bien, cuando llegamos a la iglesia del Nuevo Testamento, y como leemos en varias de las epístolas, encontramos dos posiciones de oficiales de liderazgo claramente delineadas: obispos y diáconos.

«Los términos "obispo" (o sobreveedor) y "anciano" se emplean indistintamente, lo cual denota que se trata del mismo oficio»[1]. El obispo o anciano tiene como función principal velar por la vida espiritual de la congregación, y la Escritura presenta las características que debía reunir alguien que ocupara este lugar. Cuando las estudiamos, se hace evidente que el énfasis está en el carácter. Veamos algunos ejemplos.

En 1 Timoteo 3:1-7, Pablo enumera requisitos para los obispos o ancianos: irreprochable; marido de una sola mujer; sobrio; prudente; de conducta decorosa; hospitalario; apto para enseñar; no dado a la bebida; no pendenciero, sino amable; no contencioso; no avaricioso; que gobierne bien su casa; no debe ser un recién convertido y debe tener una buena reputación ante el mundo. Y luego, en su carta a Tito, añade algunas otras características, todas relacionadas con el carácter y con su responsabilidad de enseñanza: «Debe retener la palabra fiel que es conforme a la enseñanza, para que sea

---

1. Merkle, Ben L., «Posiciones de liderazgo en el Nuevo Testamento», en *Diccionario Bíblico Ilustrado Holman* (Nashville, TN: B&H Español, 2017), pág. 1257.

capaz también de exhortar con sana doctrina y refutar a los que contradicen» (Tito 1:9, NBLA).

El otro título de liderazgo es diácono, del griego *diakonos*, y significa «sirviente» o «ministro». Si regresamos a 1 Timoteo 3, nos encontramos con otra lista de cualidades requeridas para aquellos que fueran a ocupar este cargo. De nuevo, las cualidades están enfocadas en asuntos del carácter. Además, se nos enseña en el texto lo honroso del diaconado: «Pues los que han servido bien como diáconos obtienen para sí una posición honrosa y gran confianza en la fe que es en Cristo Jesús» (v. 13).

Muchos consideran que el diaconado tuvo sus comienzos en la iglesia de Jerusalén, según lo que nos narra Hechos 6. Aquellos hombres fueron seleccionados para servir a la iglesia y apoyar la labor de los apóstoles, que eran los obispos o ancianos en dicha congregación. En Filipenses 1:1, encontramos la primera mención de los diáconos como oficiales de una congregación, junto a los ancianos.

En la historia de la iglesia, en los siglos que siguieron, la función de los diáconos incluía atender a los pobres, colaborar con la Cena del Señor y otras labores administrativas y de servicio.

Ahora bien, cuando comparamos ambas listas de cualidades, la de los obispos o ancianos y la de los diáconos, son muy similares. Los requisitos en cuanto al carácter de ambos grupos se enfocan en vidas cambiadas e impulsadas por el evangelio. Sin embargo, una diferencia que sobresale es que, en el caso de los obispos, como ya vimos, se requiere que sean aptos para la enseñanza (1 Tim. 3:3 y Tito 1:9); pero no así en el caso de los diáconos:

«De la misma manera, también los diáconos deben ser dignos, de una sola palabra, no dados al mucho vino, ni amantes de ganancias deshonestas, sino guardando el misterio de la fe con limpia conciencia. Que también estos sean sometidos a prueba primero, y si son irreprensibles, que entonces sirvan como diáconos. [...] Que los diáconos sean maridos de una sola mujer, y que gobiernen bien sus hijos y sus propias casas» (1 Tim. 3:8-10, 12).

Otra diferencia que también encontramos en la lista es que, cuando se habla de obispos o ancianos, solo se incluyen hombres. Esto lo sabemos al leer la referencia a ser «maridos de una sola mujer», algo que aparece tanto en 1 Timoteo como en Tito. Sin embargo, en la lista sobre el diaconado, se incluye a las mujeres: «De igual manera, las mujeres deben ser dignas, no calumniadoras, sino sobrias, fieles en todo» (1 Tim. 3:11). En Romanos 16:1, se menciona a Febe, una diaconisa de la iglesia en Cencrea que fue de mucha ayuda al ministerio de Pablo y de otros. De manera que en este rol o ministerio de servicio, el diaconado, la Biblia presenta tanto a hombres como a mujeres[2].

---

2. Algunos comentaristas tienen objeciones en cuanto a este pasaje, argumentando si el término griego que se traduce *mujeres* se refiere a mujeres diaconisas o a las esposas de los diáconos. En lo particular, me incliné a considerar que se refiere a diaconisas, especialmente por la mención de Febe en Romanos 16.

¿QUÉ LÍMITES SE ESTABLECEN ENTONCES PARA EL SERVICIO DE LAS MUJERES DENTRO DEL MINISTERIO DE LA IGLESIA?

Aunque ya se ha tocado algo sobre el tema en este libro, consideramos oportuno que revisemos lo que la Escritura nos enseña en cuanto a los roles de enseñanza en la congregación.

Como vimos unos párrafos antes, el rol de obispos, ancianos o pastores queda delineado para los hombres. De hecho, en su primera epístola a Timoteo, el apóstol Pedro escribió lo siguiente: «Yo no permito que la mujer enseñe ni que ejerza autoridad sobre el hombre, sino que permanezca callada» (1 Tim. 2:12).

Este es un texto que por años se ha debatido. ¿Quiere decir entonces que las mujeres no podemos ejercer ningún rol de enseñanza dentro de la congregación? En realidad, eso no es lo que dice el pasaje, sino que está estableciendo límites. Si queremos llegar a un buen entendimiento de este, como con cada texto, es importante que lo leamos en su contexto.

Pablo está dando instrucciones a Timoteo, instrucciones que comienzan en el capítulo 1, a partir del versículo 18. En el capítulo 2, Pablo instruye con respecto a la oración en la congregación y es dentro de esas instrucciones que menciona lo que parece ser un problema con los hombres y las mujeres. En el caso de los primeros, la preocupación era que oraran sin ira ni discusiones. Entonces, al hablar de las mujeres, Pablo se enfoca en la modestia, en el atuendo de las féminas de la congregación, enseñándoles a no poner su corazón en la belleza externa sino en la del corazón. Y luego, en este contexto de reunión congregacional, encontramos el versículo 12 que aparece arriba.

Como vemos, estamos hablando de una iglesia que está reunida, las instrucciones se han dado para la iglesia. De modo que la limitación que el texto presenta a la mujer es dentro de ese marco. Cuando la iglesia está reunida, el lugar de enseñanza no le corresponde a la mujer, sino al hombre. Del mismo modo, tampoco está la mujer llamada a ocupar una posición de autoridad por encima del hombre. Ya se ha explicado antes en este libro, ese nunca fue el rol que Dios le dio, y el mismo Pablo enfatiza esa posición en el versículo que sigue a este que estamos analizando: «Porque Adán fue creado primero, después Eva» (v. 3). Ese es el orden desde la creación.

Entonces, ¿puede una mujer enseñar? Si hablamos de enseñanza como quien enseña la Palabra de Dios a la congregación reunida en un servicio, ejerciendo una autoridad espiritual, ese no es su papel. Sin embargo, sí hay un contexto en el que cada una de nosotras puede usar sus dones de enseñanza.

Por ejemplo, sabemos que la Escritura nos habla de mujeres enseñando e instruyendo a sus hijos en la Palabra. En su segunda carta a Timoteo, Pablo menciona la herencia de fe que acompañaba a Timoteo: «Porque tengo presente la fe sincera que hay en ti, la cual habitó primero en tu abuela Loida y en tu madre Eunice, y estoy seguro que en ti también» (2 Tim. 1:5). Como mujeres, esta labor de enseñanza es nuestra responsabilidad y privilegio, porque estaremos instruyendo en el camino del Señor a la siguiente generación. Por alguna razón, a veces le restamos importancia. Es posible que no se vea como algo tan significativo porque no es público, no es algo que reciba el aplauso ni la admiración de una audiencia, pero la verdad es que nuestros hijos, nietos y sobrinos, son los seguidores más importantes que Dios puede darnos. Y en ellos podemos ser verdaderas *influencers*, para usar un término que tanto auge ha cobrado, pero que tal vez usamos muy a la ligera.

Por otro lado, la Escritura también nos exhorta a enseñar a otras mujeres, y no solo a enseñarles sino a practicar con ellas el discipulado. ¿Dónde lo encontramos? En otro pasaje que escribió el mismo Pablo en su carta a Tito: «Las ancianas asimismo sean reverentes en su porte; no calumniadoras, no esclavas del vino, *maestras del bien*; que *enseñen* a las mujeres jóvenes a amar a sus maridos y a sus hijos, a ser prudentes, castas, cuidadosas de su casa, buenas, sujetas a sus maridos, para que la palabra de Dios no sea blasfemada» (Tito 2:3-5, RVR1960, énfasis de la autora).

Muchos consideran que, en este pasaje, la palabra «ancianas» no es necesariamente una referencia a la edad sino a la madurez en la fe y en el conocimiento de la Escritura. Y no sé si te percataste, pero se ordena a estas mujeres que se conviertan en maestras, maestras del bien. Se les anima a enseñar a las mujeres más jóvenes, ya sea en edad o en la fe, todo aquello que da honor a Dios. Esta enseñanza no necesariamente tiene que ocurrir en un espacio formal, por eso hablamos de discipulado. Esta enseñanza puede darse en el día a día, en la relación que una mujer establece con otra, en las conversaciones e interacciones que ocurren de modo natural.

Así que, como hemos visto, sí podemos y debemos enseñar a una nueva generación, ya sea de hijos, nietos, o de mujeres que comienzan a caminar en la fe. ¡Y la verdad es que esa tarea es grande!

PERO ¿NO DICE LA BIBLIA QUE NO HAY DIFERENCIA ENTRE LOS HOMBRES Y LAS MUJERES?

Esta pregunta suele hacerse tomando como base un pasaje de la carta de Pablo a los gálatas: «No hay judío ni griego; no hay esclavo ni libre; no hay hombre ni mujer, porque todos sois uno en Cristo Jesús» (Gál. 3:28).

Sin embargo, una vez más, para entender el pasaje y llegar a su significado correcto, es crucial que lo veamos dentro de su contexto. En este pasaje, Pablo está exponiendo la importancia de la fe en la salvación; incluso antes de Cristo, la ley apuntaba a la fe en una esperanza futura. Luego, al tener a Cristo, por la fe en Él, todos llegamos a ser hijos de Dios, independientemente de si eres judío o griego, esclavo o libre, hombre o mujer.

De ahí que sea tan importante recordar que la Biblia es un todo, y las doctrinas no se construyen sobre pasajes aislados sino sobre todo el texto. Y aquellos pasajes que nos sean más difíciles de entender, debemos leerlos a la luz de todo el texto bíblico. Como ya hemos visto, otros pasajes se enfocan en delinear los roles claramente. Este en particular no habla de roles sino de nuestra posición como hijos de Dios mediante la fe en Cristo Jesús.

EL EJEMPLO DE PRISCILA

Priscila era una mujer cuya historia encontramos entretejida en las páginas del libro de Hechos. Casada con Aquila; eran judíos, de profesión, fabricantes de tiendas. Conocieron a Pablo en la ciudad de Corinto, según leemos en Hechos 18. No sabemos a ciencia cierta si eran cristianos antes o después de conocer a Pablo, pero lo que sí queda claro es que se unieron a la labor misionera del apóstol; incluso lo acompañaron a Éfeso (Hech. 18:19).

Es precisamente de su estancia en Éfeso que encontramos una anécdota donde se nos muestra a esta mujer participando activamente en el ministerio. Algunos han usado dicho incidente para argumentar que no hay razón en lo que Pablo escribió a Timoteo y que tratamos anteriormente (1 Tim. 2: 12). El texto en cuestión es este:

> Llegó entonces a Éfeso un judío que se llamaba Apolos, natural de Alejandría, hombre elocuente, y que era poderoso en las Escrituras. Este había sido instruido en el camino del Señor, y siendo ferviente de espíritu, hablaba y enseñaba con exactitud las cosas referentes a Jesús, aunque solo conocía el bautismo de Juan. Y comenzó a hablar abiertamente en la sinagoga. Pero cuando Priscila y Aquila

lo oyeron, lo llevaron aparte y le explicaron con mayor exactitud el camino de Dios (Hech. 18:24-26).

Al considerar este pasaje, algunos cuestionan el rol desempeñado por Priscila. Sin embargo, una lectura cuidadosa del texto nos brinda claridad. En primer lugar, el pasaje no dice que Priscila ejerciera un rol de anciana o algo semejante. La interacción con Apolos no tuvo lugar en el contexto de la congregación reunida, sino que ellos «lo llevaron aparte»; es decir, en privado. Por otro lado, el narrador nos dice que fueron tanto Priscila como Aquila quienes enseñaron a Apolos. Es decir, ella no lo hizo en una posición de autoridad espiritual, ni discipulado individual. De hecho, fueron ella y su esposo quienes explicaron mejor el evangelio a Apolos.

Priscila es un ejemplo de una mujer que colaboraba en el ministerio, no de alguien que ocupaba el lugar de un anciano, obispo o pastor. Las puertas de su casa en Corinto se abrieron para convertirse en iglesia: «Aquila y Priscila, con la iglesia que está en su casa, os saludan muy afectuosamente en el Señor» (1 Cor. 16:19), y lo mismo sucedió cuando se mudaron a Roma (Rom. 16:5). De manera que su historia no es una contradicción con lo demás que Pablo enseña, sino un testimonio de cómo las mujeres podemos colaborar y ser parte de la obra del Señor. Al mismo tiempo, la vida de Priscila muestra que el apóstol daba la bienvenida a la colaboración de las mujeres en el ministerio.

Es importante que señalemos algo: esto no quiere decir que no puedas hablar de Cristo a cualquier persona, incluido alguien del sexo opuesto, ¡para nada! El llamado a compartir el evangelio es para todos y con todos. Lo que hemos argumentado en este capítulo es que, cuando se trata del ejercicio de la autoridad espiritual y de la enseñanza a la iglesia reunida, los límites están establecidos en la Escritura.

Dios es un Dios de orden, y ese orden incluye límites. El océano tiene límites que mantienen las aguas en un lugar seguro. El planeta tiene un límite en su inclinación; de lo contrario, moriríamos de frío o nos consumiría el calor abrazador del sol. Nuestros cuerpos humanos tienen límites que lo protegen; si los sobrepasamos, enfermamos. Los límites son buenos porque nos ayudan a permanecer dentro de lo que Dios ha establecido, y eso siempre es para nuestro bien y determinado en Su sabiduría.

El Nuevo Testamento presenta ejemplos de mujeres que contribuyeron al avance del reino desde el comienzo, de diferentes maneras, como Lidia, Susana, Febe y muchas otras. Si leemos los anales de la historia de la iglesia, también encontraremos vidas de mujeres que se desgastaron para exaltar a Cristo, incluso hasta la muerte, como Perpetua, mártir del tercer siglo, o Amy Carmichael, la misionera que llevó la libertad del evangelio a cientos de mujeres en la India. Tenemos mujeres como Susana Wesley y Sarah Edwards, que dejaron un legado precioso de la labor fiel en su hogar, contribuyeron a los ministerios de sus hijos y esposos, cumplieron con su cometido, para gloria de Dios. Mujeres como Elisabeth Elliot, que cruzó fronteras para predicar a Cristo en selvas recónditas y, aunque ya partió con el Señor, hoy podemos enriquecer nuestras vidas al leer los muchos libros que escribió.

Amada lectora, nosotras tenemos el mismo llamado, en nuestro contexto, en el lugar donde el Señor nos haya puesto. La iglesia es un cuerpo, cada miembro es necesario y tiene que desempeñar su función. No debemos ver los límites como un impedimento para servir a Dios; al contrario, nos ayudan a florecer en todas aquellas capacidades que Él nos concede.

Wendy Bello

Capítulo 8

EL DESGASTE O ESTANCAMIENTO ESPIRITUAL

A nuestro alrededor, tenemos muchos ejemplos de cristianos que han iniciado su relación con Dios con gran pasión. Sin embargo, con el paso del tiempo, se han desgastado de tal manera que algunos ya no están en el evangelio y otros permanecen, aunque no con la pasión que los caracterizaba. Entre estos, se encuentran muchos líderes con ministerios prósperos, pero con vidas y familias hechas un desastre. Las cosas que un día valoraban pierden su valor, y hay un sabor a apatía y cansancio, tanto físico como espiritual. Por lo cual, consideramos que el tema del estancamiento espiritual es de vital importancia para las mujeres que están sirviendo a Dios.

Servir a Dios no hace que seamos inmunes al desgaste espiritual. Ser mujeres muy activas en el ministerio, con una gran capacidad de liderazgo e influencia, podría llevarnos a estar llenas de actividades, pero sin una relación íntima y creciente con Dios. Esto es una verdadera tragedia, representantes de Cristo que lo reflejan de una manera muy pobre.

De hecho, al ser mujeres que desde hace mucho tiempo participan en el ambiente cristiano y de iglesia, hemos llegado a saber cómo responder, sonreír y actuar, de manera tal que podríamos presentar una apariencia de espiritualidad y bienestar que muchas veces no tenemos. Sin embargo, hay otras que sí consiguen esa vida plena, abundante y libre que Dios promete, aun mientras sirven en el ministerio. La pregunta sería: ¿cómo lo hacen?

Veamos el ejemplo de Cristo, quien desarrolló un ministerio intenso sin sacrificar la relación íntima y fructífera con Su Padre.

Como no tenían tiempo ni para comer, pues era tanta la gente que iba y venía: «Y Él les dijo: "Vengan, apártense de los demás a un lugar solitario y descansen un poco"» (Mar. 6:31, NBLA).

Jesús reconocía la necesidad de Sus discípulos de apartarse y descansar. De hecho, en muchas ocasiones, Él mismo se retiraba a lugares solitarios para pasar tiempo con Dios (Luc. 5:15-16). En nuestro caso, debemos ser conscientes de nuestras limitaciones y necesidad de descanso. Personalmente, los momentos cuando me he sentido más exhausta en el ministerio es cuando he estado sumergida en un evento de la iglesia que ha requerido un esfuerzo especial de mi parte y, cuando todo termina, me siento gozosa por la oportunidad de servir a Dios, pero agotada.

Desde que el Señor me dio vida nueva a los trece años, siempre he estado involucrada en diferentes ministerios. A veces, trabajando con los jóvenes o en el grupo de adoración, en evangelización, en células en la casa y cualquier otra oportunidad que Dios me brindara. Sin embargo, cuando me casé y llegué a la iglesia en la cual servimos hoy, estuve por aproximadamente un año solo recibiendo, porque la política de nuestra iglesia es que, si llegas nuevo, no importa quién seas, debes esperar seis meses para ser miembro y luego otros seis meses más para servir. Aunque en principio esto fue muy difícil para mí, porque estaba acostumbrada a un activismo constante, agradezco que no tuvieron un trato privilegiado conmigo por ser la esposa de un líder, ya que me permitió entender que el carácter es más importante que el talento o lo que puedas hacer.

En la Biblia, vemos que Dios prepara a Sus siervos antes de usarlos. En el Antiguo Testamento, Moisés fue preparado durante 40 años antes de ser usado. En el Nuevo Testamento, Pablo fue preparado al menos por tres años en el desierto de Arabia por el Señor Jesús. De esta misma forma, nosotras no estamos listas tan rápido como creemos. Dios quiere prepararnos.

Un pastor a quien admiro mucho me dijo en una ocasión cuando yo era muy joven y fui a él expresándole que quería servir en la iglesia: «Angélica, es necesario ser antes de hacer». Salí de esa reunión pensativa y reflexionando en esa gran verdad, la cual he llegado a atesorar en mi corazón a través de los años. El hecho de ser mujeres receptoras de muchos dones, habilidades y talentos nos lleva a querer siempre estar haciendo y sirviendo, pero en ocasiones eso nos lleva a olvidar que primero tenemos que sentarnos a los pies del Señor y deleitarnos en Él.

Con cuánta facilidad nos enfocamos en hacer cosas que son muy buenas, pero olvidamos las que son realmente importantes. Nos dedicamos tanto a las tareas que olvidamos para quién y por qué las realizamos. No me malinterpretes, servir a Dios es algo que todas debemos procurar, pero si nuestra relación con Dios es afectada, las tareas podrían convertirse en un lazo, una oportunidad de pecar y en un obrar repetitivo y sin sentido.

La historia de Marta y María es un excelente ejemplo de esto que acabamos de explicar. Te recomiendo leer esta historia en Lucas 10:38-42.

Trataré de parafrasear este acontecimiento. Marta le dice a Jesús: «¿Acaso no te importa verme tan atareada? ¡Esto es un abuso! ¡Es demasiado para mí! Dile a mi hermana que me ayude, por favor».

No obstante, la respuesta de Jesús nos dice tanto: «Marta, estás afanada con tantas cosas y María está tranquila. Estar a mis pies, escuchándome, es lo más importante».

Marta estaba haciendo una labor muy buena y necesaria al servir al Señor, porque los que estaban en la casa necesitaban comer y ser atendidos; sin embargo, Marta perdió de vista que estar junto al Maestro era mucho más valioso que cualquier otra cosa que ella pudiera hacer.

Observemos que Marta se «preocupaba». El texto no dice que se «ocupaba» del servicio y los quehaceres, sino que su labor se había vuelto una carga. Todas hemos estado allí, asistiendo a un servicio más, sin fuerzas o porque tenemos que estar allí; preparando esa charla o esa actividad, sin disfrutarlo. Esta es una condición muy peligrosa porque, cuando servimos con la actitud incorrecta, perdemos la visión y nos desgastamos. Las mujeres que estamos involucradas en el servicio hemos caído en muchas ocasiones en la misma trampa que Marta, llenas de cosas que hacer, pero vacías en nuestro ser.

¿Acaso no nos hemos sentido, en ocasiones, con la agenda tan llena que estar con Dios se nos imposibilita? ¿Será allí donde Dios desea que estemos? Muchos podrían decir: «Esa mujer es una sierva de Dios»; pero ¿qué diría Dios? ¿Nos aplicaría las mismas palabras dichas a Marta?: «Afanada y turbada estás con muchas cosas. Pero sólo una cosa es necesaria» (vv. 41-42, RVR1960).

Cuando estamos exhaustas y desgastadas, nos volvemos malhumoradas y hacemos las actividades en automático. Servimos a la gente, sin amarla. Llegamos a servir de una manera repetitiva porque todos esperan que realicemos la tarea o porque ya nos hemos comprometido a cumplir con ella. Nos creemos más importantes e indispensables de lo que realmente somos.

María simplemente se sentó a los pies del Señor, y escuchaba al Maestro. No estoy tan segura de que yo habría actuado como María en ese momento. Quizás, por mi tendencia a servir, habría hecho lo mismo que Marta. Servir a Jesús y preparar los alimentos para todos los asistentes eran cosas urgentes y muy necesarias, pero no lo más importante.

¡Qué fácil somos engañadas! Caemos en el mismo error que Marta, al pensar que el hacer es más importante que el ser. Aunque en ocasiones no lo expresamos verbalmente, con nuestro actuar proclamamos que nos importa más lo que otros puedan decir que lo que Dios diga. Tenemos una imagen disminuida de Dios y agrandada de los hombres. Amamos servir porque nos gusta ser el centro de atención, que las miradas estén sobre nosotras; por esto, debemos examinar siempre nuestra motivación.

Debemos recordar que esta no es nuestra historia, se trata de Él. Nosotras, más que líderes, debemos buscar ser siervas. En lugar de compararnos con otros y lo que hacen, debemos realizar la labor que se nos ha encomendado con humildad y gozo; no acomodándonos a las maneras de este mundo, en una carrera rápida y sin sentido. Acostumbrémonos a bajar la marcha, aquietarnos y sentarnos junto a Sus pies, y no buscar que las miradas de todos estén sobre nosotras, sino a buscar que Cristo sea quien brille. Como expresó Juan el Bautista, que nosotras menguemos para que Él sea quien crezca.

Hace unos años, una líder en el ministerio de jóvenes de nuestra iglesia me expresó que se sentía con una carga muy pesada al tener que servir todos los sábados en las reuniones con los jóvenes. Ella consideraba que los fines de semana los dedicaba más a la iglesia que a su familia. En ese momento, yo podría haberla juzgado, pero realmente la entendía, ya que cada una de nosotras estamos en etapas diferentes de nuestras vidas y llamados. Finalmente, la insté a orar a Dios para que confirmara Su voluntad y, después de un tiempo, decidió salir del ministerio de jóvenes. Hoy, dedica más tiempo a su familia y sigue sirviendo a Dios en otra área de la iglesia.

Ciertamente, servir a Dios implicará siempre un sacrificio; sin embargo, cuando sabes que Dios te llamó a un ministerio determinado, eso que otros podrían ver como un sacrificio, para ti no lo es, porque Dios ha trabajado en tu corazón para caminar por las obras que Él preparó de antemano (Ef. 2:10) y tu gozo es rebosante, porque estás en el lugar que Él tiene para ti.

SER ANTES QUE HACER

El ser tiene que ver con mi carácter, con quién soy en realidad cuando nadie me ve, con mi relación con Dios. En muchos casos, hemos visto líderes que hablaban y se comportaban como cristianos, con ministerios prósperos, pero al pasar el tiempo, se descubre que vivían una vida de escándalos y conflictos morales, una doble vida. Mucho de esto tiene que ver con que se dedicaban a *hacer* muchas cosas y descuidaron quiénes eran. Pusieron en un segundo plano su vida íntima con Dios.

¿Te imaginas? Que toda tu vida te la pases haciendo muchas cosas para Dios y que al final Él te diga: «Apártate de mí, no te conozco, no hiciste mi voluntad, solo hiciste muchas cosas, te olvidaste de quién eras» (ver Mat. 7:21-23). Esto es grave.

DEBEMOS DESARROLLAR UN CARÁCTER FIEL A DIOS Y SU PALABRA

En 2 Timoteo 2:1-2, Pablo le enfatiza a Timoteo que los hombres que enseñan a otros tienen que ser fieles.

Esto no es diferente para las mujeres que participamos del discipulado e instrucción de otras hermanas en la obra de

Dios. No podemos enseñar a otros si no somos fieles, porque estamos modelando el carácter de Dios con nuestras vidas, más que con nuestras palabras.

Debemos ser intencionales en crecer espiritual y emocionalmente, pero la triste realidad es que muchas veces nos estancamos, pasan los años y seguimos con las mismas luchas y debilidades. Debemos ser más intencionales en cuidar nuestro ser interior y nuestra relación con Dios, porque aquellas que estamos enseñando a otras seremos juzgadas con más severidad (Sant. 3:1).

No importa nuestra edad, si queremos servir, debemos primero ser ejemplo en palabra, en conducta, en amor, en fe y en pureza (1 Tim. 4:12). Cultivar nuestro carácter a través de nuestra relación con Dios debe ser innegociable. ¿Anhelas servir a Dios? Ocúpate primero de tu carácter, de quién eres en verdad.

Entonces... veamos dónde inicia el agotamiento de nuestras vidas:

1) No siempre es el resultado de pecado; en ocasiones, el agotamiento viene por un cúmulo de trabajo intenso que merma nuestras fuerzas y recursos. Puede venir también por motivos físicos, enfermedades, falta de vitaminas, necesidad de ejercitarnos y de descanso. Por lo cual, si estás agotada con un cansancio fuera de lo normal, no estaría mal evaluar tu salud física y revisar si es necesario tomar un descanso.

2) Tendemos a agotarnos cuando buscamos el significado de nuestras vidas en lo que hacemos. Muchas veces, esto

ocurre porque desconocemos la doctrina de la justificación y nuestra identidad en Cristo. Olvidamos que Dios nos ve justas, santas y que somos amadas, no porque obedezcamos o sirvamos a Dios, sino por la obra de Cristo. Porque esté sirviendo a Dios, no soy mejor cristiana que otra mujer que está en su casa y que no participa del servicio. Ella podría tener una relación más íntima y personal con Dios que yo. El hombre se impresiona por lo que ve; Dios es quien conoce realmente el corazón.

Sabemos que somos aceptadas con base en la obra de Cristo en la cruz, por la fe en Él y no por nuestras obras (Rom. 3:27-28).

En nuestra humanidad, buscamos el propósito de nuestras vidas en lo que hacemos, muchas veces, con una necesidad grande de ser aprobadas. Aunque todas necesitamos aprobación, la búsqueda exagerada de esta nos lleva a la queja y a perder el foco. Eso pasó con Marta; su molestia era una expresión de que ella quería estar en el centro de la atención. En nosotras, esta actitud va creando resentimiento y malestar.

3) Podemos agotarnos cuando ponemos la mirada en las actividades como un fin en sí mismo, y olvidamos que servimos a Dios y a las personas. Para una hija de Dios, aun lo secular y esas tareas que pueden parecer sin importancia son vistas desde otra perspectiva cuando se hacen reconociendo hacia quién van dirigidas. Se trata de atesorar a Dios en lo cotidiano.

«Y todo lo que hagáis, hacedlo de corazón, como para el Señor y no para los hombres; sabiendo que del Señor recibiréis la recompensa de la herencia, porque a Cristo el Señor servís» (Col. 3:23-24).

Algunas de nosotras somos perfeccionistas, no queremos delegar parte del servicio porque creemos que otros lo harán mal, y el perfeccionismo no es más que una expresión de nuestra inseguridad. A veces, afirmamos tener celo por la obra de Dios o buscar la excelencia, pero en verdad lo que ocurre es que nos creemos superiores a los demás, más espirituales para realizar una tarea, o en ocasiones nos creemos indispensables. Pensamos que la obra de Dios dejaría de ser si no hacemos lo que hacemos. La verdad es que somos simples instrumentos de Dios, y Él puede usar a cualquiera para hacer Su obra. No somos tan importantes como creemos.

En ocasiones, se nos hace difícil ver los talentos de otros porque nos sentimos amenazadas de que otros puedan quitarnos nuestra «posición», pero esto es un error. Dios es quien nos tiene donde estamos, no los hombres. Nuestra inseguridad e inmadurez nos hacen creer que, si dejamos que otros participen, nos quitarán nuestra posición o espacio. Al pensar así, olvidamos que estamos peleando en un mismo ejército cuya meta es Cristo, y que este es Su reino, no el nuestro.

4) Otra razón por la que podemos desgastarnos es cuando dejamos de creerle a Dios y creemos las mentiras de Satanás, a nuestra carne o al mundo; cuando vivimos

en una práctica de pecado o cuando nos hemos desenfocado y nuestras metas son cosas vanas y terrenales.

No hay algo que nos robe más el gozo y la vitalidad que cuando estamos viviendo en pecado. Dios vino a traernos libertad y, en la Biblia, Él nos dice que conoceremos la verdad y esta nos hará libres (Juan 8:32). El pecado nos drena. Nos ofrece un gozo y una satisfacción muy efímeros, envenena el alma y nos lleva a la muerte. Para salir del estancamiento espiritual, debemos rendirnos a la obra de Dios en nuestras vidas y ser intencionales en practicar las disciplinas espirituales que nos ayudarán a conocer y amar más a Dios.

5) Desconocer que estamos en una guerra espiritual. La Biblia nos dice en Efesios 6:12 que nuestra lucha no es contra sangre y carne, sino contra huestes espirituales de maldad.

En muchas ocasiones, se nos olvida que hay un mundo espiritual mucho más real que el que se puede ver. El enemigo de nuestras almas tratará por todos los medios de obstaculizar nuestro servicio a Dios. Es vital recordar que nuestras armas no son de este mundo. Debemos pelear de rodillas, orando a Dios para que nos defienda y para que nuestra fe no desfallezca. Esto fue lo que Jesús dijo a Sus discípulos: «Estén alerta y oren para que no caigan en tentación. El espíritu está dispuesto, pero el cuerpo es débil» (Mat 26:41, NVI).

Las mujeres que están en el ministerio deben de ser mujeres de oración, mujeres que aman la Palabra y se predican a sí mismas, viviendo lo que enseñan a otras. También debemos reconocer que somos débiles y, por esto, vivimos en alerta. El reto más complicado es que muchas de estas cosas las sabemos, pero no se trata solo de saberlo; debemos vivir conforme a lo que decimos creer.

Necesitamos humillarnos delante de Dios, buscar Su rostro, hacer evaluaciones periódicas de nuestras vidas, rendir cuentas a otras hermanas, de tal manera que no vivamos como llaneras solitarias, sino que seamos parte de una comunidad en la fe que busca en un mismo sentir permanecer fiel a Dios.

6) El agotamiento también puede aparecer cuando nos sentimos decepcionadas de Dios o la gente. Podemos creer que Dios está en deuda con nosotras porque le estamos sirviendo y que los demás o Dios deben tratarnos de una manera especial, pero si mi Maestro fue maltratado y sufrió, ¿porque deberían tratarme de una mejor manera? Recordemos que este no es nuestro hogar; que todas las decepciones que podamos experimentar en esta vida y en el ministerio sirvan para hacernos levantar nuestra mirada hacia lo que nos aguarda en nuestra patria celestial.

«Por tanto, mis amados hermanos, estad firmes, constantes, abundando siempre en la obra del Señor, sabiendo que vuestro trabajo en el Señor no es en vano» (1 Cor. 15:58).

Angélica Rivera de Peña

Capítulo 9

LAS DISCIPLINAS ESPIRITUALES

UN PREÁMBULO NECESARIO

Antes de adentrarnos en lo que son las disciplinas, hábitos o prácticas que nos ayudan a crecer espiritualmente, quisiéramos cubrir algunos puntos importantes. Lo que somos, nuestro pensar y sentir, nuestros gustos y pasiones, y lo que hacemos día a día dependerá de lo que Cristo signifique para nosotras.

Por eso, entiendo que un cristiano que no tenga en claro algunas verdades bíblicas, por más disciplinado que sea en su vida espiritual, le será muy difícil encontrar verdadero deleite y estímulo en la práctica de estas disciplinas espirituales.

¿Y por qué? Bueno, porque las disciplinas espirituales pueden convertirse en puras prácticas religiosas porque la motivación detrás muy probablemente sea errada. Sobre todo en nuestro contexto latino, donde casi todos tenemos un trasfondo religioso católico que promueve que la salvación depende de nuestras buenas obras (2 Tim. 1:9). Y aunque nuestra salvación no es por las buenas obras que hagamos, una vez que somos salvos, ¡realizamos las buenas obras porque estas glorifican a Cristo y testifican bien de Él!

La práctica de las disciplinas espirituales debe ser motivada por un hambre y una sed genuinos de conocer a Cristo. En toda la extensión de la Biblia, somos exhortadas a tener fe y a estar arraigadas en Su amor (Ef. 3:16-17; 1 Cor. 13), ¡a conocer la majestad, el poder y la gloria del Señor y a obedecerle!

El objetivo de las disciplinas espirituales es maximizar nuestra relación dependiente de Dios. ¡Porque la realidad es que de manera natural no queremos buscar de Dios, y mucho menos someternos a Él!

Pablo nos dice en Romanos 7:18 que «en mi carne, no habita nada bueno; porque el querer esta presente en mí, pero el hacer el bien, no». Esta dualidad que enfrenta Pablo es propia de todos los seres humanos, que, al confiar y tener fe en Jesucristo como el Hijo de Dios, y profesarlo como Salvador, experimentan un nuevo nacimiento espiritual. Este nuevo nacimiento implica una nueva naturaleza, la cual capacita a esta nueva criatura para entender los misterios de Dios, y ser liberados de la esclavitud del pecado (1 Cor. 2:6-16).

Esta lucha que experimentó Pablo la vivimos todos a diario en nuestro primer campo de batalla: ¡nuestra mente! Así como el salmista, en el Salmo 51, reconoce la maldad que hay en él, así también, hasta que nosotras no tomemos conciencia de nuestra propias transgresiones y necesidad de ser limpiadas, se nos hará muy difícil avanzar en el proceso al que estamos llamados todos los cristianos: ¡ser santificados! La caída nos ha afectado tan grandemente que solemos tener una apreciación propia muy por encima de nuestra verdadera condición fallida. Por eso Jesús mismo nos llama a «[ser] santos, porque yo soy santo» (1 Ped. 1:16).

Es decir que, al vivir el cristianismo, nuestro mayor enemigo no esta ahí afuera en el mundo. La mayor oposición para obedecer los mandatos de Dios y no pecar está en nosotras mismas, porque todos nacemos viciados (conforme a los deseos engañosos de nuestra carne). ¡Es en nuestra naturaleza carnal que está la fuente de todas nuestras malas acciones, aquí están las mayores vilezas que nos contaminan!

Y nada mejor que ir a la misma Palabra para conocer más concretamente nuestra condición, y tomar conciencia de nuestra realidad, luego de la caída de Adán y Eva. De hecho, con palabras muy claras, diferentes pasajes de la Biblia nos describen claramente nuestra maldad e incapacidad para hacer nada bueno por nosotras mismas. Por ejemplo, Marcos 7:20-23, Gálatas 5:19-21 y 1 Pedro 2:11.

¡HAY LUZ EN MEDIO DE LA OSCURIDAD!

Por un lado, nos toca lidiar con cumplir con un llamado a la santificación, mientras continuamos arrastrando nuestra vieja naturaleza pecaminosa. Ya no somos esclavos del pecado, pero este sigue presente dada nuestra naturaleza terrenal (Sal. 51:5; Col. 3:5).

Muchos de los que nos leen en Latinoamérica crecimos viendo las comedias del Chapulín Colorado. En sus parodias, siempre llegaba un punto en que, luego de intentar todo tipo de torpes peripecias, se daba por vencido y reconocía su impotencia a la hora de superar la prueba en sus propias fuerzas. Entonces, exclamaba: «¡Oh!, y ahora, ¿quién podrá defenderme?». Sin temor a exagerar, creo que esta se ha convertido en una frase emblemática en toda Latinoamérica.

Y al revisar estos versículos y confirmar nuestra ineptitud para llegar a la santificación por nuestras propias fuerzas, a esta frase añadimos también: «¡¿Y quién nos va a defender incluso de nosotras mismas?!».

A Dios nada lo toma por sorpresa; Él tiene todo bajo control. ¡Los ignorantes somos nosotros, Sus criaturas! Las preguntas que ahora debemos hacernos, y que debemos procurar responder, son: ¿Cómo respondo ante esta realidad? ¿Cómo se traduce esto a mi vida diaria?

Por esto, de manera personal, entiendo que parte de la clave para tener hábitos espirituales saludables es comenzar por pedirle a Dios que ponga en nosotras una creciente pasión por Él, que nos estimule continuamente a procurar vivir con mayor santidad. Créanme, ¡Dios responderá esta petición!

Además, necesitamos sumergirnos en Su Palabra para conocer el plan perfecto de Dios. Mientras mejor entendimiento tengamos de nuestras limitaciones dada nuestra pecaminosidad, ¡más evidente se nos hará la gran necesidad que tenemos de ser regeneradas, y que esta regeneración solo es posible con la intervención y ayuda del Espíritu Santo!

El predicador Dr. Charles Stanley nos exhorta a los cristianos a una vida de consagración a Dios. Una vida consagrada es una vida que ya no busca satisfacción propia mediante un estilo de vida pecaminoso, sino que se ha entregado a Dios y a Su voluntad revelada en la Biblia[1]. Es en la Biblia donde encontramos respuestas a nuestras preguntas y pautas de acción, las cuales una vez aplicadas a nuestras vidas, nos ayudarán a renovar nuestra mente. En la Biblia, también encontramos aliento necesario para superar cualquier obstáculo, ¡hasta los tropiezos que nosotras mismas fabriquemos en nuestra mente!

Una vez que emprendemos nuestra progresión en pos de la santidad, ya no vivimos más para las pasiones humanas, sino para cumplir con la voluntad de Dios (1 Ped. 4:1-2). Mientras mayor satisfacción encontremos en Dios, mayor deleite encontraremos en cumplir Su ley, y por ende, ¡mayor será la gloria que nuestras vidas le darán a Él!

Por eso necesitamos desligarnos de este mundo (vernos como extranjeras de paso por esta tierra), y transformar nuestra manera de vivir a partir de la renovación de nuestra mente, y a la luz de lo que es la voluntad de Dios; lo que es bueno, aceptable y perfecto (Rom. 12:2).

---

1. Video «7 Hábitos de una vida consagrada a Dios», por el Dr. Charles Stanley. Ministerio en Contacto, enero de 2018.

CON UN NUEVO NACIMIENTO
SE INICIA UN NUEVO PROCESO:
¡LA SANTIFICACIÓN!

Es una realidad que luego de nuestra salvación, somos equipadas con la mente de Cristo para poder discernir todas las cosas según las instrucciones que Dios nos ha dejado en la Biblia (1 Cor. 2:14-16). Mas toda esta renovación se da mediante un proceso. La salvación sucede de un momento a otro; nuestra santificación ocurre a lo largo de nuestras vidas.

Romanos 8:5 establece que los que vivimos conforme al Espíritu, somos llamados a poner la mente en las cosas del Espíritu. Y en la práctica, esto se traduce en que los verdaderos cristianos superan sus deseos pecaminosos para procurar vivir con intencionalidad según las verdades eternas. Nos ocupamos en conocer y aplicar las enseñanzas contenidas en la Palabra de Dios, en promover una continua comunión a través de una vida de oración, y en participar en los cultos, la vida de iglesia y servicio cristiano.

Y de manera más concreta, es por esto que nuestro buen Dios, sabiendo de antemano las luchas que habríamos de enfrentar en este mundo y los retos que tendríamos que superar para ser más como Cristo, nos dejó bien definida la armadura con la que debemos revestirnos para poder avanzar en nuestra santificación y estar firmes contra las insidias del diablo. Efesios 6:12 nos advierte que nuestra lucha no es contra sangre y carne, y por eso en los versículos 13 al 18, ¡Pablo nos continúa instruyendo a que tomemos toda la armadura de Dios para resistir y permanecer firmes en las verdades que sustentan nuestra fe!

De aquí surge la idea de las disciplinas espirituales. Algunos también las conocen como hábitos espirituales o prácticas piadosas.

¿QUÉ SON ENTONCES LAS DISCIPLINAS ESPIRITUALES?

Estas no son más que un conjunto de prácticas que encontramos en la Biblia y que promueven el crecimiento espiritual. Así como muchos realizan habitualmente ejercicios físicos para fortalecer sus cuerpos y desarrollar sus músculos, también hay ciertas actividades espirituales que, al realizarlas regularmente, producen beneficios que fortalecen nuestro músculo espiritual.

Si bien, en la Biblia, estas disciplinas o hábitos no conforman un listado exhaustivo como sí lo hacen los Diez Mandamientos, estas disciplinas han sido practicadas desde el inicio de la Iglesia primitiva[2]. Y a través de la historia de la Iglesia, han confirmado el impacto beneficioso que tienen en nuestro proceso de santificación.

Estas disciplinas son actividades que han sido señaladas por Dios mismo como los mejores mecanismos para acercarnos a Él, cultivar una mente bíblica y un carácter cada

2. Whitney, Donald S. *Spiritual Disciplines for the Christian Life.* Carol Stream: IL, NavPress, 1997, pág. 17.

vez más parecido al de Cristo. En Filipenses 4:10-13, Pablo nos testifica de la plenitud en Cristo que podemos alcanzar al obtener mayor santidad, por medio de la renovación de nuestra mente.

Esta suficiencia en Cristo que experimentó Pablo puede llegar a ser tal que las dificultades no se roben nuestro gozo, y los deleites temporales del mundo no nos distraigan de los deleites eternos asegurados en Cristo. La Biblia nos enseña que las disciplinas espirituales son para ser practicadas de manera personal, para cultivar nuestra intimidad con Dios. Y también se nos alienta a practicarlas como congregación para fortalecer la unidad del cuerpo de Cristo.

En Hechos, en la carta a los tesalonicenses, a los corintios y a los efesios, vemos cómo se le exhorta a la iglesia a mantenerse practicando estas actividades de manera regular para producir frutos en sus vidas. De hecho, parte del objetivo de promover la práctica de las disciplinas espirituales como parte de la vida de iglesia es alentar a otros hermanos más nuevos en la fe a que desarrollen tales practicas en sus vidas (Hech. 2:42; Col. 4:3-4; 2 Tes. 3:1, etc.).

Si bien las disciplinas espirituales implican mucha autorreflexión a partir de las enseñanzas bíblicas, no tienen nada que ver con la introspección en sí. Porque dentro de mí no hay nada bueno que buscar. De hecho, la misma Biblia describe que nuestro corazón es engañoso (Jer. 17:9-10).

Las disciplinas espirituales son actividades y no actitudes. Tampoco son cualidades o características de nuestro carácter. No son el fruto del Espíritu Santo, aunque gracias a la ayuda del Espíritu, podemos desarrollar tales disciplinas o hábitos en nuestras vidas (Juan 14:26).

Las disciplinas espirituales son acciones que Dios ha señalado en la Biblia como aquellas que ayudan a fomentar la presencia del Espíritu Santo en nosotros, y a cultivar un carácter cada vez más parecido al de Cristo. Esto es, ¡si las practicamos continuamente!

Las disciplinas espirituales no son actividades que el hombre haya determinado que fomentan el crecimiento espiritual, como por ejemplo el yoga, el contacto con la madre tierra, entre otros. Sin importar el beneficio que estas otras actividades tengan en nuestra vida, si estas fueran necesarias para promover nuestra madurez espiritual y progreso en la santidad, entonces la Biblia la mencionaría y las fomentaría.

Según la Real Academia Española, la palabra *disciplina* se refiere a una doctrina, instrucción de una persona, especialmente en lo moral. Estas instrucciones están dirigidas a fomentar prácticas o hábitos piadosos como la oración, el ayuno, la lectura y meditación de la Palabra, y el servicio, entre otros.

La palabra *hábito* se define como un modo especial de proceder o conducirse adquirido por repetición de actos iguales o semejantes, u originado por tendencias instintivas. Es decir que las disciplinas espirituales promueven la repetición de doctrinas o instrucciones que nos han sido dadas por Dios en la Biblia.

Estas acciones señaladas por Dios tienen como fin cultivar nuestro crecimiento espiritual. Y obviamente, a la luz de las verdades bíblicas que promueven, también apuntan a que lleguemos a parecernos cada vez más a Cristo, a tener una mayor consagración a Dios y un mayor nivel de santidad.

Y es bueno enfatizar que por la simple práctica de estas disciplinas, no necesariamente maduramos en la fe. Así como los fariseos, podríamos llegar a ser excelentes practicantes de estas disciplinas, sin que necesariamente se produzca un cambio en nuestro carácter.

En su libro *Disciplinas espirituales para la vida cristiana*, el autor Donald Whitney menciona los hábitos que Dios nos alienta a practicar para nuestro crecimiento espiritual[3]. Estos son el estudio y meditación en la Palabra, la oración, la adoración, la evangelización, la mayordomía, el ayuno y el tiempo a solas con Dios. Por último, la introspección, el aprendizaje y la perseverancia, a la luz de las enseñanzas bíblicas.

Todas las disciplinas son importantes porque cooperan en nuestro caminar hacia la santificación. Es Dios mismo quien nos instruye a practicarlas todas.

Sin embargo, la oración y el estudio de la Palabra son las más esenciales. La Palabra de Dios es la que nos ayuda a sustentar nuestra fe; además, las enseñanzas de la Biblia aplicadas a nuestras vidas son el instrumento de santificación por excelencia.

La oración, escuchar y hablar con Dios diariamente, es un hábito supremamente importante porque nos lleva a reconocer continuamente nuestra dependencia de Dios y Su activa

---

3. Whitney, Donald. *Spiritual Disciplines for the Christian Life,* pág. 19.

intervención en nuestras vidas. ¡Son muchos los versículos donde se nos ordena orar sin cesar!

LAS DISCIPLINAS ESPIRITUALES Y EL LLAMADO AL LIDERAZGO

En Mateo 28:19, Jesús instruye la gran comisión de ir y hacer discípulos en todas las naciones. Un discípulo es más que un estudiante; es un seguidor que desarrolla un estrecho vínculo con su maestro (Jesús) hasta terminar pareciéndose a Él. Y esta instrucción es dada a todos los cristianos. Mas para ir y hacer discípulos, tenemos a su vez que ser discípulos, sobre todo si Dios nos ha llamado a posiciones de liderazgo dentro de Su Iglesia.

Por eso, para aquellas mujeres a quienes Dios ha llamado a liderar a otras mujeres, la buena práctica de las disciplinas espirituales tiene una repercusión mayor. El buen fruto de la práctica de estas disciplinas no solo tendrá un impacto en su vida personal, sino también en el buen desempeño de su rol de enseñanza y buen testimonio ante otras mujeres cristianas y hasta el mundo.

Como bien dice 1 Timoteo 4:6: «Al señalar estas cosas a los hermanos serás un buen ministro de Cristo Jesús, nutrido con las palabras de la fe y de la buena doctrina que has seguido». En este mismo pasaje, al instruir a Timoteo, Pablo se extiende ampliando varias cualidades que debe tener el buen ministro de Cristo. Además de exhortar a los líderes a cuidar su dieta (consumir las verdades bíblicas), Pablo también los exhorta a ejercitarse en la piedad porque esta tiene provecho para todo, pues tiene promesa para la vida presente y también para la futura (1 Tim. 4:8).

Cuando maduramos en la práctica de la lectura y la meditación en la Palabra, en la oración y las demás disciplinas, llegamos a tener un mejor entendimiento de quién es Dios, y por ende, ¡una mayor conciencia de quién yo soy, y así puedo apuntar con mayor efectividad a muchas otras hacia Cristo!

Se trata de que estas disciplinas, que son medios de gracia, nos lleven a profundizar más en los Evangelios, a cultivar nuestra mente para parecernos más a Cristo[4]. Y entonces, a través de la puesta en práctica de las verdades bíblicas, de la aplicación de estas disciplinas establecidas por Dios, tendremos como resultado vidas más santificadas que influyan de manera transformadora en nuestro entorno para apuntar a otros a Cristo. Esto es cierto tanto en el ámbito personal como para impactar a nuestra comunidad inmediata. Y, como iglesia, ¡apuntamos a tener un impacto en nuestra sociedad y más allá!

ANA, UN EJEMPLO DE DISCIPLINA EN LA ORACIÓN

En la Biblia, encontramos historias de muchos hombres y mujeres que son ejemplo en cuanto a la buena práctica de sus

---

4. Whitney, Donald. *Spiritual Disciplines for the Christian Life*, pág. 23.

LAS DISCIPLINAS ESPIRITUALES

disciplinas espirituales. Ana, la mamá de Samuel, es una de estas. Encontramos su historia en el primer libro de Samuel, en los capítulos 1 y 2.

Ana es mayormente conocida por su deseo no cumplido de tener un hijo. Pero, por sobre todo, porque buscó consuelo y respuesta en Dios a través de una intensa vida de oración. Y cuando a Dios le plació darle este anhelado hijo, el proceder desprendido de Ana hasta el día de hoy nos es de gran confrontación. Ana entregó voluntariamente a su hijo para dedicarlo por siempre al Señor (1 Sam. 1:21-22).

Su ejemplo de vida piadosa, y su conocido cántico de oración a Dios (1 Sam. 2:1-10), hacen de Ana una mujer que vivió para testificar y dar gloria a su Señor. Ana también modeló lo que es vivir confiado en Dios, con una voluntad sometida a Él y un corazón agradecido, porque toda buena dádiva y todo don perfecto vienen del Señor.

Otro aspecto del carácter de Ana que nos habla de su madurez espiritual y que nos es de testimonio es la respuesta mansa para con la otra esposa de Elcana, llamada Penina. Aun cuando su rival continuamente la ridiculizaba por no haber podido tener hijos (1 Sam. 1:6-7), Ana se mantuvo callada y solo desahogaba sus penas en oración ante el altar de su Dios.

Reaccionar de esta manera tan extraordinaria es solo posible cuando hay una voluntad sometida a Dios. ¡Qué gran ejemplo para las mujeres que venimos detrás!

Y ya para finalizar, nunca olvidemos que establecer una buena disciplina espiritual no es el fin en sí mismo, sino el medio para procurar, así como Ana, una vida de mayor comunión y dependencia de Dios.

Al consagrar nuestras vidas cada vez más a nuestro Señor, estaremos avanzando en dirección a convertirnos en las hijas que Dios espera: muertas al pecado y vivas para Cristo (Rom. 6:11). Alentémonos en proseguir hacia la meta, al ver lo que ya el Señor ha hecho en nuestras vidas. ¡No nos conformemos, porque el proceso de santificación nunca termina!

Aileen Pagán de Salcedo

Capítulo 10

CÓMO DEJAR UN LEGADO BÍBLICO

En enero de 2020, pasada la Navidad de 2019, en una de mis acostumbradas visitas a la casa de mi madre, ella me llevó a su habitación, sacó de su gavetero una cajita, se acercó a mí, y con la ternura reflejada en sus ojos me la entregó como un regalito muy especial. Era un reloj de oro de gran valor, muy apreciado por ella. Su actitud me pareció algo extraña. ¿Por qué me daba ese regalo en ese momento? Lo que menos yo imaginaba era que un mes y medio después, mi madre partiría con el Señor. Aquel gesto parecía como si hubiera estado presintiendo lo que vendría y que por tanto me estaba dejando ese recuerdo como un legado. Desde niña, ella solía decirme que los padres debían dejar un legado a los hijos, que debían darles una buena educación en valores y una profesión que les permitiera desempeñarse económicamente en la vida cuando ya fueran adultos.

Mi madre y yo conocimos al Señor casi en la misma fecha, durante mi adolescencia. Podría decirse que crecimos juntas espiritualmente, pero mi mamá me sobrepasó por mucho y me dejó un legado espiritual que jamás podré olvidar: el poder de la oración. Ella era una verdadera mujer de oración. Podía escucharla orando en las madrugadas, me dejó libretas enteras llenas de oraciones que ella copiaba; predicadas por pastores, líderes de iglesias y hasta familiares. También me dejó sus Biblias marcadas. Y en mi memoria, quedaron los recuerdos de los himnos que entonaba cuando estaba a solas en adoración con su Señor. Cada vez que ella conversaba con alguien por teléfono, escuchaba cómo le compartía el evangelio. En mí quedó el recuerdo de las ofrendas y los diezmos que guardaba para enviar a su iglesia local de la República Dominicana que era su país de origen, desde Nueva Jersey, lugar donde vivíamos. Esto lo hacía cada vez que tenía una oportunidad. Buscar y escuchar la Palabra de Dios y congregarse dondequiera que estuviera, aun por internet, fue otra parte del recuerdo que me dejó. En verdad puedo decir que su legado me marcó.

I. ¿QUÉ ES UN LEGADO BÍBLICO?

Todas y cada una de nosotras, al morir, dejaremos un legado, una huella. Querámoslo o no, seremos recordadas por algo. No solo por dejar una herencia física o seguridad material, sino por dejar una enseñanza, una idea en el corazón, o por dejar un regalo que para nosotras haya sido intangible, perdurable en el tiempo y la distancia.

Un legado bíblico está fundamentado en la Palabra y en la fe del Dios que hemos conocido, en historias «que hemos oído y conocido, que nos transmitieron nuestros antepasados. No les ocultaremos estas verdades a nuestros hijos; a la próxima generación le contaremos de las gloriosas obras del Señor, de su poder y de sus imponentes maravillas. Pues emitió sus leyes a Jacob; entregó sus enseñanzas a Israel. Les ordenó a nuestros antepasados que se las enseñaran a sus hijos, para que la siguiente generación las conociera —incluso los niños que aún no habían nacido—, y ellos, a su vez, las enseñarán a sus propios hijos. De modo que cada generación volviera a poner su esperanza en Dios y no olvidara sus gloriosos milagros, sino que obedeciera sus mandamientos» (Sal. 78:3-7, NTV).

1. TENER UNA VISIÓN Y UNA MISIÓN

Un legado empieza con una visión y una misión. A todas y cada una de nosotras, como mujeres, el Señor nos ha dado una vida, y con esa vida, una tarea, para vivirla conforme a Su propósito. Nos ha hecho un llamado y debemos vivir de acuerdo con él. Aunque nosotras tenemos muchos planes (Prov. 19:21), es el Señor quien ha escrito nuestra historia. Nosotras estamos solo descubriéndola cada día. La visión es el *qué*, y la misión es el *cómo*.

¿Cuál es tu llamado? ¿Cuál es tu visión? ¿Cómo sé cual es el propósito en mi vida? ¿Cómo sé cuál es la voluntad de Dios? Esto era posiblemente la pregunta que se hacían Noemí y Elimelec en Rut 1:1: «¿Debo mudarme a Moab?».

¿En qué etapa de mi vida estoy? ¿Qué área de gracia o fruto del Espíritu voy a enfocarme a trabajar?

2. TENER UN PROPÓSITO

El propósito nuestro es vivir para la gloria de Dios conforme a los dones y fortalezas que el Señor nos haya dado (Isa. 43:7). Hasta que cumplamos con lo que Dios tiene para nosotras, viviremos y dejaremos escrita una historia que Dios ya diseñó y planificó para nosotras desde antes de la fundación del mundo (Ef. 1:4). Tal como David, no moriremos hasta que cumplamos el propósito para el cual fuimos creadas (Hech. 13:36).

Nuestro llamado puede cambiar al ir transcurriendo las diferentes etapas de nuestras vidas. Hay tiempo para estudiar, para trabajar, casarnos, criar a nuestros hijos. Hay tiempos de soledad, tiempos de alegría y tiempos de tristeza, tiempo para servir, etc. Hemos sido llamadas por Dios para dejar un legado que cuente a las generaciones futuras sobre la Palabra del Señor (Sal. 78:3), para influenciarlas, impactarlas, conectarlas y alentarlas emocionalmente a que no se aparten de los caminos del Señor; a contarle lo fiel y bueno que es el Señor a una generación distraída y confundida que quiere sacarlo de sus vidas, de sus planes y sus pensamientos.

II. PRINCIPIOS A CONSIDERAR EN NUESTRO LEGADO

A cada una de nosotras se nos ha asignado una tarea, y ahora más que nunca es necesario que la cumplamos y llevemos a cabo con fidelidad. Dios usa mi historia para dejar un legado a alguien más, ya sean mis parientes, mis hijos, mis alumnos. Algo tangible, que algunas veces puedo saber con certeza, pero que otras nunca sabré, ni siquiera al final de mi vida. Se nos ha entregado la función de traspasar esos principios y verdades que solo encontramos en la Palabra de Dios para una vida de fe y de devoción a Dios.

Cuando Dios nos llame a Su encuentro, ¿qué legado dejaremos a nuestros hijos, a nuestros nietos, y a las próximas generaciones? ¿Por qué seremos recordadas? ¿Qué ideas y principios habremos promovido y proclamado con nuestras actitudes? ¿Qué tipo de conducta dejaremos como legado?

¿Cuales son algunas de las cosas que se nos ha encomendado para dejar como legado?

1. Dios es el Creador de cada ser humano y, por tanto, debemos cuidar la concepción de la vida. El aborto es un crimen horrendo, igual que sacrificar hijos a Moloc en el fuego (Jer. 32:35; Sal. 139:13-15).
2. El Señor es Dios aun de las discapacidades. Él hizo al sordo y al mudo para Su gloria, y no debemos hacer acepción de personas (Ex. 4:11).

3. Dios nos creó de diferentes razas, color, tribu, lengua, y nación (Apoc. 5:9). No debemos discriminar por color ni estatus social, porque la dignidad de la imagen de Dios existe en cada persona. Dios es tan grande que una sola persona no puede representar quién es Él.

4. Un matrimonio es entre un hombre y una mujer solamente, «el hombre dejará a su padre y a su madre» (Gén. 2:24).

5. Hay diferencia entre masculinidad y feminidad. Dios nos hizo para complementarnos; somos diferentes.

6. Debemos entender el compromiso de los roles en el matrimonio. La feminidad y la masculinidad bíblica.

7. Hay que comprometerse a cultivar y promover las familias y los matrimonios, e instarlos a permanecer en el pacto, a no romperlos a través del divorcio.

III. EL LEGADO A DEJAR

1. Los detalles de nuestras vidas —aflicciones, sufrimientos, experiencias— nos marcan y definen. Esos momentos decisivos que vivimos, esos lugares especiales que visitamos, esas personas claves que conocimos, nos impactan y afectan. Dios las usa para mostrar Su poder, para hacernos clamar a Él en gratitud, para hacernos ver que es real, que existe, y fortalecer nuestra fe. Aun cuando no lo hace todo al mismo tiempo, nunca deja de hacerlo en el transcurso de nuestro caminar.

Dios puede usar aun la soledad, la soltería, la viudez, el divorcio o el abandono para proclamar que Él es quien sostiene, quien ayuda (Rut 1:3).

2. Dios nos ha dado voluntad para elegir y decidir (Deut. 30:19). Una mujer que influencia a otra no trata de imponer su punto de vista ni su opinión. Predica la Palabra de Dios, tal como lo hacía Jesús, y deja el campo abierto para permitir que Dios obre (Rut 1:8). Nosotras educamos, enseñamos, mostramos la Palabra a nuestra generación, lo que en ella se enseña, pero es el Espíritu Santo quien influye, quien da convicción de pecado. Jesús nos reta a pensar y tomar decisiones. Así como lo hizo con los discípulos en Juan 6:67: «¿Acaso queréis vosotros iros también?»; Como lo hizo Noemí con sus dos nueras: «id, volveos cada una a la casa de vuestra madre» (Rut 1:8, 22).

3. Por decisiones no sabias o pecados del pasado, muchas veces tenemos que recoger el fruto de esas acciones. Debemos hacerlo con humildad, reconociendo que hemos fallado delante de nuestro Señor, volvernos en confesión y arrepentimiento, consciente de que Él nos perdonará, reconociendo nuestra responsabilidad. Podemos orar: *Señor, me he apartado, he pecado, he amado otros dioses*; y en arrepentimiento, aceptar Su soberanía y Su justicia.

Tal como Noemí les dijo, en humillación y humildad: «No me llaméis Noemí, llamadme Mara, porque el trato del Todopoderoso me ha llenado de amargura» (Rut 1:20). Ella reconoció que el Señor gobierna y controla todo.

4. Algo que tengo que reconocer es que aun a pesar de mí misma, de mis debilidades, insuficiencia, aflicciones o tribulaciones, Dios va a trabajar en mí para dejar lecciones a otros, para dejar un legado y un aprendizaje. Los demás verán mi vida y aprenderán de ella; sea lo bueno o lo malo, para levantar o para derribar vidas. Estamos influenciando a otros todo el tiempo. Muchos ojos nos ven y aprenden de nosotras, nos siguen. Estamos construyendo o destruyendo todo el tiempo, con nuestro carácter y con nuestro testimonio de vida.

5. Reconocer a Dios como soberano. «Llena me fui, pero vacía me ha hecho volver el Señor. ¿Por qué me llamáis Noemí, ya que el Señor ha dado testimonio contra mí y el Todopoderoso me ha afligido?» (Rut 1:21). Conocer a Dios, Su nombre y Su poder me ayudará para asumir mi responsabilidad y no desplazar la culpa sobre otros, ni siquiera a la forma en que me criaron, porque no es culpa de mis padres.

La experiencia tiene un efecto, es cierto, pero yo soy completamente responsable de mis actitudes. Echarle la culpa a mi pasado, permanecer allí y no avanzar se contradice con lo que el apóstol Pablo menciona en Filipenses 3:13-14: «olvidando lo que queda atrás y extendiéndome a lo que está delante, prosigo hacia la meta».

6. El estudio y el aprendizaje de la Palabra de Dios y la teología. Conocer la historia ayuda, así como también conocer las leyes y costumbres; pero es esencial e indispensable para dejar un legado estudiar, conocer y entender la Palabra (Deut. 6:6-9; Sal. 78:3-4, 6-7).

Una mujer que quiere dejar un legado querrá impactar a otras por su conocimiento de los hechos, obtenido al leer y estudiar cada situación.

Noemí conocía la ley, la costumbre del Levirato, quería buscar que el nombre y heredad de su esposo continuaran. Por eso le habló a su nuera sobre Booz: «El hombre es nuestro pariente; es uno de nuestros parientes más cercanos».

Noemí, que volvió de la tierra de Moab, tuvo que vender la parte de la tierra que pertenecía a Elimelec. Ella había estudiado el carácter de Booz, sabía que tenía propiedades y que necesitaba a alguien que le ayudara a hacer los trámites legales de aquel tiempo, todo dentro de la voluntad de Dios. No hubo pereza en hacer su parte, en cumplir con su deber. Ella tomó toda la responsabilidad que Dios le había encomendado, pero espiritualmente todo lo dejó en las manos de un Dios bueno, bondadoso y fiel, que ella estaba segura haría mas allá de lo pedido. En nuestra diligencia, es importante que hagamos todo aquello que es nuestro deber, pero que dejemos los resultados al Señor.

7. El plan de dejar un legado incluye nuestro cuidado sobre la hermana (Rut 2:22). Debe importarnos su alma, su bienestar, su futuro. Debe alegrarnos su triunfo y su éxito; desear el bien de los demás, su prosperidad y su éxito; no tener envidia ni hacer competencia.

    Noemí dijo a Rut su nuera: «Es bueno, hija mía, que salgas con sus criadas, no sea que en otro campo te maltraten» (Rut 2:22).

8. El respeto al hombre y al rol dado por Dios en el sentido de la masculinidad bíblica. Respeta el orden dado al hombre en la creación, reconoce su gobierno y su liderazgo.

    Rut pide a Booz que redima la propiedad y el nombre, que sirva de redentor, que extienda sus alas y se case con ella.

9. Ser una persona de visión y estrategia justa, legal y espiritual. No es pecado procurar tener un plan; es bíblico. Dios bendice y prospera nuestros planes cuando son traídos en oración delante de Él.

    «Ahora pues, ¿no es Booz nuestro pariente, con cuyas criadas estabas? He aquí, él avienta cebada en la era esta noche. Lávate, pues, úngete y ponte tu mejor vestido y baja a la era; pero no te des a conocer al hombre hasta que haya acabado de comer y beber. Y sucederá que cuando él se acueste, notarás el lugar donde se acuesta; irás, descubrirás sus pies y te acostarás; entonces él te dirá lo que debes hacer» (Rut 3:2-4).

10. La pureza sexual como legado. Noemí hizo un plan muy arriesgado, pero el control de Booz y de Rut habla muy bien del dominio propio de ellos, y el querer hacerlo todo legalmente los llevó a agradar a Dios. La petición de matrimonio es algo que se ha perdido en nuestros días. «Descendió, pues, [Rut] a la era e hizo todo lo que su suegra le había mandado. Cuando Booz hubo comido y bebido, y su corazón estaba contento, fue a acostarse al pie del montón de grano; y ella vino calladamente, le destapó los pies y se acostó. Y sucedió que a medianoche el hombre se asustó, se volvió, y he aquí que una mujer estaba acostada a sus pies. Y él dijo: ¿Quién eres? Y ella respondió: Soy Rut, tu sierva. Extiende, pues, tu manto sobre tu sierva, por cuanto eres pariente cercano» (Rut 3:6-9).

11. Espera en Dios sin miedo ni temor. Noemí tenía sabiduría y discernimiento. Buscó dejar una huella o legado. Como viuda de Elimelec, a fin de conservar el nombre del difunto en su heredad, buscó preservar el patrimonio (Rut 4:18-22). Entonces, Noemí dijo: «Espera, hija mía, hasta que sepas cómo se resolverá el asunto; porque el

hombre no descansará hasta que lo haya arreglado hoy»
(Rut 3:18).
Debemos procurar dejar nuestro legado en Cristo
(Rut 4:14).

IV. ¿QUÉ VOY A UTILIZAR
PARA DEJAR EL LEGADO?

¿Qué uso para dejar el legado? La palabra, escrita y hablada.
¿De qué manera voy a dejar ese legado? ¿Qué medios ha
dejado Dios para usar y dejarlo plasmado?

La palabra hablada fue la que Dios usó para crear y para
comunicarse con nosotros. Las palabras, el lenguaje, ese es
el medio. Dios habló y el Verbo se hizo carne, y el Verbo
habitó entre nosotros.

Su Palabra hablada y escrita: «Y estas palabras que yo te
mando hoy, estarán sobre tu corazón; y diligentemente las
enseñarás a tus hijos, y hablarás de ellas cuando te sientes en
tu casa y cuando andes por el camino, cuando te acuestes y
cuando te levantes» (Deut. 6:6-7).

Este libro (la Biblia) es uno de los más grandes legados.
Existen también otras formas de dejar un legado: grabacio-
nes (*podcasts*), artículos escritos, publicaciones. Los medios de
comunicación constituyen una gran bendición si son usados
para la gloria de Dios. En la actualidad, han servido de una
manera extraordinaria para comunicar o transmitir nuestros
legados.

Desde el inicio de la revolución industrial, la mente de las personas empezó a cambiar, cuando las familias comenzaron a emigrar desde sus granjas a las ciudades y se inició la construcción de grandes edificios multifamiliares o apartamentos; cuando se comenzaron a sustituir los patios de las casas por espacios abiertos compartidos en los que solo las calles o los parques se consideraban lugares de reunión; cuando a la costumbre de leer le fue añadida una ventana (la televisión) que le permitía al usuario estar al tanto de todo lo ocurrido en lugares lejanos en el mismo momento en que estaban ocurriendo los hechos. Cuando el ser humano comenzó a dirigir la vista hacia esas culturas diferentes, que antes no conocía, se empezó a plantear ideas y filosofías extrañas.

Los periódicos, en un principio creados para mantenernos informados, se convirtieron en una herramienta poderosa que cambia y controla nuestras mentes, teniendo más influencia y poder en nuestros hogares que lo que nosotras enseñamos. Lo mismo sucede con la radio.

Otro medio de información ahora es el *podcast*, con letras y ritmos, conversaciones que nos impactan y que cambian nuestras maneras de pensar y de actuar.

El internet es una herramienta muy útil. Depende, por supuesto, del uso que hagamos de él. Los mensajes que transmitamos allí podrían quedar como un legado. Por el uso de los medios de comunicación podemos impactar la vida de muchos, con nuestros mensajes, un correo electrónico a un hijo o a un nieto, a una amiga. Tenemos a nuestro alrededor muchos ojos observando nuestras vidas; a veces, nos observan para seguirnos, y otras, nos piden dirección.

Cada generación tiene una creatividad dada por Dios que debe aprovechar para Su gloria. Pero, la mayoría de las veces, esto se convierte en una lucha a muerte con los mensajes gráficos, porque el bombardeo es impresionante. Recibimos millones de mensajes en un segundo, más de lo que podemos procesar. Nuestro cerebro está siendo sobreestimulado a través de nuestros ojos y oídos con la diversidad y variedad de músicas y sonidos. No cabe duda de que esta generación está sobreestimulada por el mundo. Tal como dice el apóstol Juan: «Porque todo lo que hay en el mundo, la pasión de la carne, la pasión de los ojos y la arrogancia de la vida, no proviene del Padre, sino del mundo» (1 Jn. 2:16).

Pero Dios nos dio la Palabra para usarla con un propósito, y aunque hoy nos digan que no debemos confiar en ella (tanto en la prensa, los noticieros o los organismos internacionales que quieren imponernos su agenda atea, o que tratan de distraernos o de separarnos de la verdad), la realidad es que podemos usar nuestros dones y talentos para contrarrestar esas ideas dejando un legado cristiano que pueda influenciar a otros. Tenemos que usar nuestros dones para compartir la verdad que conocemos y que se nos ha entregado como un tesoro. Nosotras somos luz y tenemos una misión que cumplir y un propósito a seguir. Es nuestro deber pasarle esa luz a la próxima generación, a esos que nos siguen, nos ven y nos oyen; a esos que vendrán después de nosotras.

NUESTRO LEGADO PERDURARÁ

Tal como hizo Noemí, que se encargó de criar a Obed, hijo de Rut, en cada etapa de nuestra vida se nos ofrece una nueva oportunidad para dar, para hacer las cosas de manera diferente, una oportunidad que puede tener repercusiones eternas en los que vienen detrás. Una oportunidad de sembrar en sus mentes la verdad, no opiniones vanas ni experiencias vacías, sino la verdad de la Palabra.

Nosotras podemos llegar a ser madres de cientos o de miles. Entonces, la pregunta para nosotras es: ¿qué tipo de maternidad promulgaremos? ¿Una maternidad oscura, de ceguera espiritual o de endurecimiento, o una maternidad en la que brille la luz de Cristo, en la que resuene el ofrecimiento de Su salvación y la verdad de Su Palabra?

Dios nunca calla. Su voz se dejará escuchar hasta el final de los tiempos. El mundo no sobrevivirá sin Su Palabra ni Su presencia, y siempre habrá un remanente que no se doblegará ante las propuestas mundanales. Siempre existirá quienes no se rendirán a los ídolos y a los dioses falsos, a las ideas malsanas sustentadas por el enemigo.

Y tú, ¿qué harás? ¿Eliges dejar un legado de luz o de oscuridad? No te olvides de que, tal como dijo el Señor en Su Palabra: «El cielo y la tierra pasarán, mas mis palabras no pasarán» (Mat. 24:35).

Vilma Mata de Méndez

Capítulo 11

MUJERES QUE ACONSEJAN MUJERES

EL PERFIL DE UNA CONSEJERA

La intención de este capítulo es sugerir de manera más detallada el perfil y las características de una consejera bíblica que sirve a mujeres en la iglesia local. No es que sea algo muy complejo y difícil de alcanzar. Más bien, es algo delicado por el impacto o la influencia que ejerce sobre la aconsejada. Antes de entrar de lleno en el tema, quisiera que recordáramos algunos conceptos sobre la consejería y su objetivo en la vida de la iglesia.

La consejería es un proceso de acompañamiento para ayudar a otra persona a desarrollar una mente bíblica, de manera que sea modificada su cosmovisión y eso produzca cambios en su manera de vivir, independientemente de las circunstancias[1]. De ahí que el objetivo es ayudar a la aconsejada a crecer en madurez en Cristo, y no simplemente que sea más feliz o autosuficiente. Así que la consejería no es solo dar consejos; es conectar la mente humana con la mente de Dios a través de Su Palabra. Una labor retadora y gratificante a la vez, que solo puede realizarse en total dependencia del Espíritu Santo. Dicho de otra manera, la consejería es un discipulado individual, mediante el cual el aconsejado va aprendiendo a aplicar las verdades bíblicas en su cotidianidad.

No olvidemos que exhortarnos, amonestarnos unos a otros, es un mandato bíblico para todo creyente. En 1 Tesalonicenses 5:11, 14, leemos: «Por tanto, alentaos los unos a los otros, y edificaos el uno al otro, tal como lo estáis haciendo. […] Y os exhortamos, hermanos, a que amonestéis a los indisciplinados, animéis a los desalentados, sostengáis a los débiles y seáis pacientes con todos». Es importante saber que toda creyente debe estar preparada para amonestar, animar y aconsejar a otras basadas en las Escrituras y con la guía del Espíritu Santo que mora en ella desde su conversión. Dios utiliza las diferentes circunstancias que atravesamos junto a Él para poder acompañar a otros más adelante. Siempre habrá personas a tu alrededor que podrían ser bendecidas con tu servicio.

Así que toda creyente con cierto grado de madurez puede exhortar o aconsejar a otra. Sin embargo, sabemos que hay situaciones complejas y muy delicadas que se presentan en la

---

1. Scheraldi, Catherine. *El ministerio de mujeres*, Nashville ,TN: B&H Español, 2020, pág. 134.

vida y que requerirán de una persona con más experiencia y entrenamiento para poder asistir esos casos. Por esta razón queremos ofrecer un perfil de la consejera bíblica.

EL LLAMADO

Aunque todas estamos llamadas de manera general a exhortarnos, no toda cristiana está llamada a este servicio como un ministerio. La exhortación es un don que Dios entrega con Su llamado y luego va capacitando en el tiempo.

El apóstol Pablo menciona una lista de dones, incluyendo la exhortación, y nos anima a hacer uso de ellos en Romanos 12:6-8: «Pero teniendo dones que difieren, según la gracia que nos ha sido dada, usémoslos: si el de profecía, úsese en proporción a la fe; si el de servicio, en servir; o el que enseña, en la enseñanza; el que exhorta, en la exhortación; el que da, con liberalidad; el que dirige, con diligencia; el que muestra misericordia, con alegría». No todas tenemos los mismos dones, porque tenemos llamados diferentes. Dios a los que llama los capacita.

Es importante que la mujer que se dedique a la consejería sienta un llamado a ese servicio. De lo contrario, lo encontrará pesado, se molestará cuando la aconsejada se estanque, se sentirá muy cargada o abrumada por los temas que escuche en las sesiones y esto podría afectar su relación con esta hermana en Cristo.

Así que, si tienes la inquietud por la consejería, te animo a seguir leyendo y a revisar estas características, a orar pidiendo dirección al Señor, a buscar consejo de tus líderes y hermanas más maduras que te conocen para confirmar si es este tu llamado.

EL TESTIMONIO

Toda consejera bíblica debe mostrar un testimonio de vida en Cristo. Su vida cotidiana debe reflejar lo que enseña. Sería incongruente vivir una vida que niegue el evangelio que predicamos. Esto me recuerda un consejo de Jesús sobre los fariseos en Mateo 3:1-3: «Entonces Jesús habló a la muchedumbre y a sus discípulos, diciendo: Los escribas y los fariseos se han sentado en la cátedra de Moisés. De modo que haced y observad todo lo que os digan; pero no hagáis conforme a sus obras, porque ellos dicen y no hacen». Los maestros de la ley conocían la verdad, la enseñaban, pero no la vivían, no tenían un testimonio que respaldara sus enseñanzas. Eran incongruentes.

Una consejera bíblica debe ser ejemplo a otros de una mujer madura, que vive el diseño de Dios en los diferentes roles que Él le ha entregado: hija, soltera, esposa, madre, empleada, etc. Debemos ser ejemplo a las hermanas de la congregación con nuestro estilo de vida. La forma en que nos conducimos dentro y fuera de las actividades de la iglesia debe modelar lo que enseñamos de manera clara y congruente a la Palabra. 1 Timoteo 4:12 nos recuerda: «sé ejemplo de los creyentes en palabra, conducta, amor, fe y pureza». Nota que este llamado de Pablo a Timoteo es a ser ejemplo a los creyentes. Una persona que ministra a otras debe cuidar su testimonio delante de los no creyentes, pero también debe ser un ejemplo fiel en medio de la congregación en la que sirve. Debemos cuidarnos de ser maestras de teorías que no aplicamos en nuestras vidas; eso no significa que debemos ser perfectas, ya que, si así fuera, nadie podría ser consejera. Se trata de tener un corazón rendido a la obediencia a la Palabra, que genere una vida que testifique que Dios es quien gobierna nuestras vidas.

LA EMPATÍA O SOLIDARIDAD

Las personas que acuden a consejería necesitan ser escuchadas, pueden estar abrumadas, cargadas, dolidas y hasta desesperadas. En ocasiones, están muy tristes, heridas o enojadas. Muestran mucha necesidad de hablar, de expresar sus inquietudes, de desahogar su corazón y su mente frente a alguien que las escuche y sea confiable. La consejera debe estar lista para empatizar con la aconsejada, desarrollar la capacidad de ponerse en su lugar; por lo cual se hace imprescindible que pueda escuchar de manera activa.

La escucha activa implica que toda nuestra atención está en la persona que nos habla. No solo escuchamos sus palabras, sino que también escuchamos su corazón, leemos sus gestos, su mirada, la inflexión de su voz, sus lágrimas, su postura, la tensión de sus hombros, en fin, estamos escuchando todo el lenguaje verbal y no verbal de quien nos habla. Tratamos de ponernos en su lugar, hacemos preguntas para profundizar en el momento adecuado y nos conectamos con nuestras miradas. Empatía, solidaridad, amor, calidez… todo eso necesita una aconsejada, sobre todo en las primeras sesiones, en momentos de crisis y de dolor. Ser empáticas no significa justificar el pecado, tenerle pena a la persona y convertirnos en cómplices de lo que está mal. Por el contrario, mostrar empatía favorece la confrontación, ya que genera un espacio seguro y amoroso para recibirla.

Puede que a alguna que esté leyendo esta descripción le suene como algo mágico e irreal. Nada más lejos de la verdad; lo que sí es cierto es que es divino, es Dios en Su gracia que nos capacita para poder amar a otras mujeres de esa forma; es parte de los dones que trae el llamado a la exhortación. Una consejera poco empática puede hacer sentir a la aconsejada juzgada y señalada, a pesar de que su discurso sea el adecuado.

LA PACIENCIA

Luego de tratar el aspecto de la empatía, es muy probable que venga a tu mente la palabra *paciencia*. Ciertamente, la paciencia es vital en este proceso. Necesitamos que ese aspecto del fruto del Espíritu se haga manifiesto en nosotras al aconsejar. Se requiere paciencia para escuchar largas explicaciones, a veces de manera repetitiva o desorganizada.

Santiago 1:19 dice: «Pero que cada uno sea pronto para oír, tardo para hablar, tardo para la ira». Este texto nos llama a oír más y hablar menos, oír primero y hablar con cuidado. Se precisa paciencia para contener el impulso de hablar e interrumpir, suponiendo que sabemos lo que viene a continuación.

Es necesaria la paciencia cuando observamos estancamiento, poco avance en el proceso o aun cuando notamos que la persona ha retrocedido y sentimos que debemos empezar de nuevo; nos frustramos como si la obra fuera nuestra. No debemos olvidar que es Dios el que dirige el proceso y que está usando esta experiencia para moldearnos a nosotras también. Nosotras necesitamos seguir creciendo a la imagen de Cristo. Debemos ser pacientes unas con otras como Dios lo hace con todas nosotras (1 Tes. 5:14).

Es necesaria la paciencia para caminar despacio y, en ocasiones, por largo tiempo, con las aconsejadas. La consejería es un proceso, no una conferencia donde vaciamos un buen contenido de verdades bíblicas y las personas se van y no sabemos más de ellas. Por el contrario, es un acompañamiento muy intencional, cercano, que toma su tiempo. Es un caminar al ritmo que Dios determine, mientras va haciendo Su obra en nosotras. Esta paciencia descansa en la soberanía y providencia de Dios, recuerda que solo somos instrumentos de Él, es Él quien hace el trabajo. Podemos estar quietas y seguras, Dios no llega tarde ni descuida los detalles. Él es Dios y nosotras Sus siervas. «Estad quietos, y sabed que yo soy Dios; exaltado seré entre las naciones, exaltado seré en la tierra» (Sal. 46:10).

ESTUDIANTE DE LA PALABRA DE DIOS

Si la consejería es bíblica, debemos conocer la Biblia. La consejería no se trata de dar tus opiniones o mostrar tus experiencias, sino de formar una mente bíblica en la aconsejada. Esta tarea es imposible si la consejera no ha alcanzado cierta madurez en el conocimiento de las Escrituras. El estudio constante de la

Palabra de Dios es imprescindible en la consejera, ya que es lo que la capacita para poder ministrar con sabiduría y apego a la verdad.

La autoridad de las Escrituras debe regir el proceso de consejería. Por tanto, el contenido de la consejería es la Biblia, y no se trata de recitar versículos solamente, sino que estos deben ser estudiados y aplicados en la vida de la consejera primero. Para conseguir este objetivo, es necesario que la consejera conozca la Palabra de Dios, la escudriñe, la aplique en todas las áreas de su vida, que desarrolle una pasión por conocer a Dios, entender Sus preceptos y amar Su verdad.

Cuando pienso en mujeres de la Biblia que aconsejaron a alguien, no puedo dejar de pensar en Sara, la esposa de Abraham. En realidad, no la recuerdo porque su consejo fuera bueno, sino lo contrario. En Génesis 16:2, vemos el consejo de Sara a su esposo: «Entonces Sarai dijo a Abram: He aquí que el SEÑOR me ha impedido tener hijos. Llégate, te ruego, a mi sierva; quizá por medio de ella yo tenga hijos. Y Abram escuchó la voz de Sarai». Dios le había prometido a Abram que le daría descendencia. Frente a la espera, Sara le dio un consejo a Abram que se oponía a lo que Dios había dicho, y todavía al día de hoy, vemos las consecuencias. Dar consejos opuestos a los principios bíblicos es peligroso, ya que los consejos influencian a la persona que los recibe. Que la Palabra de Dios abunde en nuestras mentes y corazones de manera que podamos guiar a otros a Él.

La consejera no tiene todas las respuestas a las situaciones que enfrentan sus aconsejadas, su rol es traer la Palabra de Dios al centro de la conversación y juntas descubrir Su consejo para cada circunstancia. Esto requiere que la consejera conozca las Escrituras para saber qué pasajes pueden ser útiles en el proceso y poder aplicar los textos de manera fiel, luego de estudiarlos correctamente. Además, es posible que nos encontremos frente a hermanas que basen sus decisiones en conceptos errados de la Biblia, o que desconocen que Dios tiene una opinión sobre ese aspecto de su vida. La consejería es un espacio que debe iluminar la mente y el corazón de nuestras hermanas trayendo arrepentimiento y esperanza eterna.

LA CONFIDENCIALIDAD

«Me costó mucho decidirme venir a consejería», me dijo una joven al iniciar la primera sesión. Lucía nerviosa, algo asustada, y luego agregó: «Lo que diga en esta reunión nadie más lo va a saber, ¿verdad?».

La iglesia es una comunidad de fe donde todos pertenecemos a una misma familia, por eso somos hermanos. Sin embargo, eso no significa que no debemos cuidar la privacidad de cada uno. Exponer las situaciones privadas que se manejan en el salón de consejería no solo no es sano; es innecesario y podría ser pecaminoso para nosotras y para quien lo escuche, además de doloroso para la aconsejada. La consejera debe ser prudente, confidente, digna de confianza. Resulta valioso que otra persona te cuente sus temas privados, te permita entrar en su vida, en su historia, lo considero un privilegio.

No debemos contar a otros lo que se nos ha dicho a menos que sea necesario porque el caso lo amerita, y siempre con el consentimiento de la aconsejada.

Solo se rompe la confidencialidad en caso de que peligre la vida de alguien y en caso de violencia o abuso. La vida humana es valiosa, creada a imagen de Dios. Siempre debe ser cuidada y preservada.

LA HUMILDAD

Después de estudiar todas las características anteriores, se hace evidente que dependemos de Dios para ser consejeras bíblicas eficaces. Debemos reconocer que es Dios el que obra en nosotras y a través de nosotras para ser eficaces en Su llamado. Esta verdad nos postra de rodillas a Sus pies, nos coloca en un lugar de sumisión y humildad, el lugar donde realmente somos útiles para servir a Su pueblo.

El orgullo entorpece la obra que Dios nos ha entregado para hacer. Pensar que tenemos todo lo que se requiere para hacer esta labor, olvidarnos de recurrir constantemente a Dios y Su Espíritu Santo para que nos asista antes, durante y al final de cada consejería, es una evidencia de cómo el orgullo puede cegar nuestra mente. Esto no significa que el entrenamiento no sea importante, pero este sin la ayuda y dependencia de Dios es ineficaz, es como tener las piezas de un rompecabezas sin el modelo que te guía a armarlo. El servicio de consejería se realiza en dependencia de Dios y Su Palabra, y eso debe estar colocado por encima de nosotras, nunca por debajo.

LA SUJECIÓN A LA AUTORIDAD ECLESIÁSTICA

La iglesia es un cuerpo y, como tal, tiene diferentes miembros capacitados para realizar lo necesario de manera que funcione adecuadamente. Así como el cuerpo tiene una cabeza, un cerebro que dirige sus funciones y determina el orden de estas, la iglesia también tiene una cabeza que es Cristo (Col. 1:18). Dios, en Su sabiduría, ha determinado una jerarquía para el buen funcionamiento de Su iglesia. Todos los ministerios de la iglesia deben sujetarse a las autoridades puestas por el Señor para dirigir la grey (Heb. 13:17). El ministerio de consejería no es la excepción.

El ministerio de consejería debe ser dirigido y supervisado por los pastores o ancianos de la iglesia. No debe ser independiente en sus funciones y decisiones a la autoridad de la iglesia. Por el contrario, debe existir una conexión cercana a estos, ya que las mujeres a las que aconsejamos son miembros de la iglesia. No significa que debemos reportar el contenido de lo que la aconsejada nos expresa, a menos que sea algo de envergadura y siempre con el consentimiento de la persona aconsejada. Los ancianos deben confirmar el llamado y dar su visto bueno para que una mujer pueda servir como consejera para las mujeres, asegurándose de que cuente con las condiciones para realizar el trabajo.

¿A QUIÉN ACONSEJAMOS?

Mucho se ha hablado de las diferencias que existen entre hombres y mujeres, en cuanto a lo natural que fluye la conexión entre nosotras. De manera natural, la mujer se siente más entendida, más relajada y aún más segura cuando abre su corazón frente a otra mujer, esto crea un terreno apropiado para la consejería. Las mujeres dan consejería a mujeres en cualquier etapa de sus vidas que tengan la disposición de sanar y crecer a la imagen de Cristo.

No debemos perder de vista lo saludable y protectora que resulta la decisión de no estar en un salón de consejería con un hombre a solas. Desde el punto de vista bíblico, la mujer no debe ejercer autoridad sobre el hombre, no debe darle directrices para su vida, sino otro hombre (1 Tim. 2:12), pero además veo en esto un enfoque preventivo, saludable que apunta a la santidad del cuerpo de Cristo. Visto al revés, también es saludable que un hombre no esté solo en consejería con una mujer.

Es importante señalar que nos referimos a la consejería formal que ocurre en el contexto de la iglesia, ya que sabemos lo valiosa que es la que ocurre entre una madre y sus hijos, ya sean adultos o niños, mujeres o varones, o a un nieto, sobrino u otro miembro de la familia. A las mujeres nos encanta hablar y conectar, así que resulta frecuente que nos sintamos motivadas a aconsejar a los que amamos. Lo importante es recordar que la verdad de Dios debe regir nuestros pensamientos y palabras.

Cornelia Hernández de Matos

Capítulo 12

LAS ÁREAS DE SERVICIO HOY

El ministerio y la influencia de las mujeres en la iglesia de Cristo son temas primordiales. Las Escrituras nos hablan de muchas maneras, a lo largo del Antiguo y el Nuevo Testamento, y nos muestran que las mujeres son esenciales para llevar a cabo la obra de la Gran Comisión. En el Antiguo Testamento, no pasamos del segundo capítulo cuando aparece la llamada *ezer*[1] o *ayuda* del hombre, palabra que hace eco en el resto de la Biblia, donde se le aplica a Dios mismo en momentos donde ofreció Su urgente y necesaria ayuda.

Ayudar al hombre de ninguna manera significa lavar los platos, sacarles el brillo a sus zapatos y servirle la cena caliente

---

1. Gén. 2:18, 20; Ex. 18:4; Deut. 33:7, 26, 29; Sal. 20:2; 33:20; 115:9; Isa. 30:5; Ez. 12:14; Os. 13:9.

(aunque es una bendición poder realizar esas tareas que ciertamente son de ayuda y una expresión de amor hacia nuestros esposos). La *ayuda* creada en Génesis es una que ha de ser reconocida con gratitud por todos y que honre la diversidad de dones que esta acarrea; un reconocimiento que celebra al Dios generoso que la concede: *¡esta sí que es igual a mí!* Es una ayuda rica, indispensable y con propósitos eternos.

Antes de que la ayuda llegara, el mandato cultural otorgado por Dios carecía de algo que ni el mismo hombre lograba precisar. Adán necesitaba contemplar y compartir con una como él mismo, de su misma especie, y con las diferencias expansivas que le ayudarían a comprenderse como criatura y a encaminar la maravillosa obra encomendada por Dios.

Ya hemos visto adónde fue a parar esa historia. No solo en la Biblia, en los capítulos anteriores de este libro, sino también en nuestras propias vidas. Sin duda, las mujeres cristianas del siglo XXI seguimos enfrentando vastos retos fuera y dentro de la iglesia a raíz de la caída y sus consecuencias. Pero sea cual sea la opinión y aprensión de las personas, la Palabra de Dios es profundamente generosa con el sexo femenino. Tenemos el respaldo de nuestro Creador, fuimos hechas para ser mujeres de influencia, especialmente en nuestros ministerios dentro y fuera de nuestros hogares.

«Mujeres de influencia»: palabras que para algunos sonarán evidentes, mas para otros son palabras que suscitan preguntas y hasta temor. Quizás se deba a que «influencia» es un concepto cargado de una interpretación moderna que automáticamente nos lleva a pensar en carisma, en guiar a multitudes, en la predicación dominical o incluso en una presencia en las redes sociales. Podría ser que surja temor porque en la iglesia evangélica han surgido voces demandado «igualdad» y asegurando que la edificación de la Iglesia no tiene que ver con género sino con dones del Espíritu Santo. Es decir, aseguran que, si se facilita hablar en público, lo lógico es que prediques los domingos y que tomes la posición de pastora de la iglesia.

Quizás el concepto de influencia de la mujer produce aprensión porque muchos proceden de una escuela ultraconservadora[2] que no asimila el potencial femenino ni analiza atentamente el texto bíblico que la expone con tanta claridad. Es posible que muchos de estos líderes teman dar espacio a la influencia de las mujeres porque esto «dará pie a mujeres subversivas» que de pronto demanden ejercer el mismo rol de los hombres. Por otro lado, hay iglesias lideradas por hombres de Dios que llevan a un pensamiento masculino implícito y se han convertido en iglesias que, de manera inconsciente, piensan unilateralmente. Puede que haya un deseo de exaltar y explotar los dones representados por la contraparte femenina pero falta una dosis de creatividad, atención, verdadero interés y dedicación en ofrecer espacios que reconozcan y abonen esos dones para fomentar su florecimiento.

En todo caso, sospecho que una gran parte de las mujeres en la iglesia tiene poco interés en ser pastoras o predicadoras, pero sí anhelan ser tomadas en cuenta, participar en las

---

2. Digo «ultraconservadora» porque no tengo mejor forma de expresarlo, pero *conservador* no debería tener una connotación negativa.

discusiones teológicas y consideraciones prácticas que enfrenta la iglesia. Desean ser escuchadas y aportar sus múltiples dones para el crecimiento de la comunidad y la gloria de Dios. El protagonismo en el asunto de los roles —específicamente el tema de si la mujer puede o no ser anciana o pastora y predicar un domingo en la iglesia— a menudo le ha robado oxígeno a todos los demás puestos de influencia y liderazgo que las mujeres pueden tomar y ejercer con confianza e indiscutible aprobación bíblica.

Cada mujer, cualquiera sea la temporada en la que se encuentre, aporta una perspectiva única y necesaria a su iglesia. Nuestras iglesias tienen el regalo de contar con mujeres solteras, devotas al Señor Jesucristo y capacitadas por Él para ofrecer su atención enfocada a la obra pendiente (1 Cor. 7:34-35). Esto no necesariamente quiere decir que tienen más tiempo que las casadas, pero sí cuentan con más libertad para administrarlo y priorizarlo para el servicio de la comunidad de fe. Si la soltería se ha sentido más como una letra escarlata en tu vida, te hará bien recordar que Pablo no miraba a las solteras como fracasadas sino como ministras del evangelio y servidoras dignas de honor.

Por supuesto que, si el tiempo y los recursos lo permiten, las mujeres casadas pueden servir en ministerios más directamente conectados con la institución eclesial, pero para muchas, la etapa de la maternidad es una etapa preciosa —y muchas veces agotadora— de ministerio enfocado en su hogar. Las mujeres casadas tienen el reto de morir a sí mismas para amar a sus esposos (y viceversa); servir, formar y nutrir a los hijos (si los tienen); y por medio de la hospitalidad, ser ejemplo para los hermanos de la iglesia de cómo vivir una vida en familia santa y devota al Señor. «Santa y devota» erróneamente puede interpretarse como «perfecta», pero considera mejor definirla como una creciente cercanía al Señor[3]. La santificación usualmente viene acompañada de la palabra «progresiva»; esto es porque rara vez se presenta con un evento que de golpe te cambia para bien, sino que es un proceso que va disminuyendo la frecuencia y la intensidad con la que caes en pecado. El hogar es el primer lugar que Dios te provee como mujer casada para crecer en santidad y, por medio de ese ejemplo, ministrar al prójimo, tanto femenino como masculino, pero especialmente a esas hermanas jóvenes en la fe (Tito 2:3-5).

La oportunidad de servicio y ministerio en la iglesia puede verse desde muchas perspectivas y definirse de maneras sorpresivas cuando leemos la palabra de Dios. Puede que seas de esas mujeres que tienen los dones y habilidades más visibles: enseñanza, liderazgo, logística, música. Tus dones podrían tener alcances inimaginables y muy públicos; por otra parte, puede que seas una mujer con un ministerio silencioso y tras bambalinas, como el de una administradora financiera, diseñadora gráfica o que seas una mujer que sirve implícitamente por medio de su discapacidad.

El tema de la mujer con discapacidad y su función en la iglesia vale la pena nuestra atención porque nos ofrece una

---

3. *Progressive nearness to God*, concepto acuñado por Edward T. W.

redefinición de lo que significa «servicio» o «ministerio» que puede ayudarnos a todas. Solemos asociar la palabra «ministerio» con la esposa del pastor, la misionera, la que toca la guitarra o canta en el grupo de alabanza. Es decir, típicamente asociamos la palabra con funciones protagónicas que suelen «producir mucho fruto». Esta es una visión angosta y antibíblica.

Te invito a leer Hechos 6:1-7. El pasaje nos narra cómo los apóstoles se dieron cuenta de que necesitaban entregarse a la oración y al «ministerio de la palabra» (Hech. 6:4), en vez de «servir mesas». Es interesante que las palabras *ministerio* y *servir* son esencialmente la misma. Es decir, aunque son funciones diametralmente distintas, una protagónica y la otra menos visible, vemos en la Palabra que ambas son lo que hoy conocemos como «ministerio». Ambas colaboran para un mismo objetivo y cada uno de los miembros de una comunidad de fe tiene algo que aportar para el avance del reino de Dios. Podríamos decir entonces que *ministerio* es ejecutar una función ordenada por Dios que cumplimos para Su gloria, para el beneficio de nuestra familia de fe y la proclamación del evangelio. Esto incluye a «los miembros más débiles», incluso los que tienen discapacidades severas. Todos ofrecemos un servicio indispensable a la iglesia de Cristo.

Una discapacidad implica deficiencias físicas, mentales, emocionales, sensoriales (y más) que afectan la forma de interactuar o participar plenamente en la sociedad y dentro de la familia de fe. Opuesto a lo que podríamos intuitivamente pensar, la mujer con discapacidad es un regalo de Dios para la iglesia, no solo porque también aporta grandemente según sus dones y habilidades. Para la gloria de Dios, muchas mujeres con discapacidad ocupan roles protagónicos en la iglesia y organizaciones cristianas. Y para la gloria de Dios, muchas no. Su servicio es el de ofrecer una oportunidad para que los demás miembros practiquen el amor de Cristo al vestirlas con dignidad y con decoro (ver 1 Cor. 12:23). El apóstol Pablo nos enseña que los miembros del cuerpo «más débiles, son los más necesarios» (1 Cor. 12:22), pues entrenan al cuerpo de Cristo a amar como Él: con dedicación, servicio, humildad y sacrificio. Este tipo de servicio es silencioso y matizado, es un servicio que afila. El ministerio de muchas mujeres con discapacidad, ya sea por enfermedad o por vejez, requiere una convicción a menudo retadora: la de reconocer con gozo la necesidad de dejarse servir por otros y ser usada como instrumento de santificación de tus hermanas y hermanos.

EJEMPLOS BÍBLICOS DE MINISTERIOS DE MUJERES

La Biblia nos ofrece ejemplos valiosos, y en la época de su escritura, varios de ellos eran socialmente inaceptables.

Mujeres benefactoras. ¿Sabías cómo fue que la obra misionera de Jesús se sostuvo monetariamente? Quizás imaginamos que cada hora de comer era solucionada con una multiplicación de panes y de vino, pero no era así. Nuestro Señor y Sus apóstoles eran sostenidos por la generosa contribución de «María, llamada Magdalena, de la que habían salido siete demonios, y Juana, mujer de Chuza, mayordomo de Herodes, y Susana, y muchas otras» (Luc. 8:1-3). En Su misericordia, Dios capacitó a estas mujeres para dar en forma sacrificada (el pasaje dice que tomaron de sus propios bienes) y hacer posible que Jesús anunciara las buenas nuevas.

Vemos otros ejemplos en el Nuevo Testamento. Priscila era artesana y, junto con su esposo Aquila, tenía un negocio de hacer tiendas. Fue en su casa donde se reunía la iglesia de Éfeso. Lidia era vendedora de costosas telas de púrpura que solo podían comprar los ciudadanos más pudientes y prestigiosos. En el momento que esta mujer se convirtió, rogó a Pablo y sus acompañantes que fueran a su casa. No solo eso, sino que esa misma casa fue lugar de refugio en el momento en que Pablo y Silas lograron salir de la cárcel (Hech. 16:14-15, 40). Estos ejemplos nos muestran cómo Dios confía la administración de Sus bienes a las mujeres para la obra misionera de la iglesia.

En la modernidad, las mujeres seguimos siendo tremendamente productivas en cuanto a las finanzas se refiere. Pero nos encontramos en gran tentación ya que, en vez de invertir en el reino de Dios, a menudo escogemos invertir en la popular obra del embellecimiento personal. Muchas otras prefieren embellecer sus cuentas bancarias «por si surge una emergencia», olvidando que la emergencia es hoy y no tiene nada que ver con nuestra seguridad. Hermana, ¡tu obediencia podría ser la respuesta de las oraciones de los misioneros en tu vida!

Mujeres que enseñan. Las Escrituras nos muestran maestras clave en múltiples ocasiones. Ana es una de las primeras que vemos en el Nuevo Testamento, una adulta mayor que «hablaba de [Dios] a todos los que esperaban la redención de Jerusalén» (Luc. 2:38). ¡Parece que no hay edad límite para aquellas mujeres que quieran predicar a Cristo!

Por otra parte, Timoteo, un personaje clave para el desarrollo de la iglesia, fue enseñado por su madre Eunice y su abuela Loida (2 Tim. 1:5), quienes desde niño le enseñaron sobre las Sagradas Escrituras. Pablo nos describe que su amor por Dios fue sembrado por las mujeres que lo criaron. Qué maravilloso ejemplo para ti que eres mamá. Rechaza las mentiras del enemigo que dicen: «No puedo servir como las solteras o las que no tienen hijos». En tu casa, tienes algún Timoteo, tu enseñanza es el fundamento de lo que podría ser una vida de ministerio a otros.

Otro ejemplo es el de Priscila, quien tuvo la oportunidad de corregir la doctrina de Apolos (Hech. 18:26). Ciertamente lo hizo con su esposo, pero no despreciemos como una hermana mayor en la fe puede, en amor y en sabiduría, ayudar a sus hermanos varones a conocer y entender mejor a Dios. El principio de toda enseñanza surge a partir de enseñar el evangelio. Un ejemplo de evangelismo directo es el de la mujer de Samaria que, en cuanto supo que Jesús era el Mesías, corrió a su pueblo a anunciar las buenas nuevas tanto a hombres como a mujeres. En Filipenses 4, leemos que Evodia y Síntique trabajaron codo a codo en el evangelio junto a Clemente y el resto de los colaboradores del apóstol Pablo.

Mujeres que trabajan por el evangelio. Aunque el sentido común nos demuestre que las mujeres somos tan capaces como los hombres, vale la pena probar que las Sagradas Escrituras también lo reconocen. Tanto en el Nuevo como en el Antiguo Testamento, vemos ejemplos de mujeres increíblemente capaces para ejercer un sinnúmero de roles.

La Biblia menciona a muchas mujeres activas en funciones que en nuestra historia reciente eran limitadas a los hombres: trabajaban en el comercio (Prov. 31:16a, 24; Hech. 16:14), en la agricultura (Jos. 15:17-19; Rut 2:8; Prov. 31:16b), como molineras (Ex. 11:5; Mat. 24:41), como pastoras de ovejas (Gén. 29:9; Ex. 2:16), como artesanas, especialmente en textiles (Ex. 26:1; Hech. 18:3), como perfumistas y cocineras (1 Sam. 8:13), como parteras (Ex. 1:15), como enfermeras (Gén. 35:8; Ex. 2:7; 2 Sam. 4: 4; 1 Rey. 1:4), como ayuda doméstica (Hech. 12:13), las que tenían el oficio de hacer lamentación (Jer. 9:17), constructoras de ciudades (1 Crón. 7:24), y más.

No necesitamos ir a la Biblia para reconocer que las mujeres tenemos las mismas capacidades y habilidades que los hombres (con algunas excepciones propias de cada sexo, como por ejemplo, la fuerza física). Podemos concluir que la Biblia reconoce la capacidad de las mujeres en todas las esferas de la vida.

Por lo tanto, al considerar sus habilidades, es evidente que la iglesia de Cristo debe aprovecharlas, ya que son para la edificación de su iglesia. Vemos mujeres como Febe, quien era una servidora a la cual Pablo le tenía tanta estima que la envió a Roma como mensajera desde Cencrea, posiblemente portando la carta a los romanos que hoy tenemos en nuestra Biblia. Esa carta incluye una maravillosa recomendación por su servicio fiel y sus acciones benefactoras (posiblemente monetarias) para muchos, incluido el mismo Pablo. En el último capítulo de la carta, Pablo envía saludos a una larga lista de servidores, 28 en total. De esos 28, 9 son mujeres. Una cantidad sorprendente, dada la cultura de la época. No solo eso, sino que son las mujeres quienes reciben más elogios por su servicio a la iglesia de Cristo (seis mujeres comparadas con tres hombres).

Mujeres que cuidan y nutren. Ciertamente, la maternidad es uno de los roles por excelencia que cumplen el propósito de cuidar y nutrir. Mas este no es el único rol de cuidado que las mujeres podemos ofrecer. Maravillosamente, la historia bíblica nos muestra mujeres que se convirtieron en una especie de madres o hermanas adoptivas en la vida de la Iglesia y los siervos de Dios.

Un ejemplo es el de la madre de Rufo. El apóstol Pablo se refiere a ella como una madre para la iglesia y para sí mismo (Rom. 16:13). ¿Qué tipo de trato necesitaría una persona de parte de una mujer mayor para sentirla como su propia madre? La madre de Rufo quizás ofreció lo que toda madre ofrece: ternura, corrección, consejo y servicio. Más aún, imagino a esta mujer haciendo algo de lo que poco hablamos en nuestro rol femenino: animar e impulsar el ministerio de nuestros hermanos varones. Nutrimos la espiritualidad de la iglesia cuando servimos como ejemplo de santidad, vivimos una vida dedicada que reta silenciosamente a nuestros hermanos varones a tomar su lugar de liderazgo y servir al Señor con la misma dedicación. Nutrimos a nuestros hermanos varones cuando los invitamos a conversaciones teológicas estimulantes, hablamos con palabra de aliento y ayudamos a notar las debilidades de nuestras comunidades con amor y respeto. Nutrimos a nuestras hermanas menores cuando enseñamos la verdadera feminidad, que se caracteriza por un «espíritu afable y apacible» (1 Ped. 3:4, RVR1960); sin embargo, no confundamos este término con una personalidad introvertida... muchas introvertidas tienen un espíritu rebelde y muchas extrovertidas tienen un corazón de mansedumbre.

Sabemos de varias mujeres que seguían a Jesús y lo cuidaban; entre ellas, Marta, María, la madre de Pedro, la madre de Jacobo el menor y de José, y Salomé (Mar. 15:40-41). Ese cuidado posiblemente suponía un amoroso servicio y provisión. Aunque el texto no lo dice, me gusta imaginar a María Magdalena frunciendo el ceño al notar las túnicas empolvadas de su Salvador y diciéndole: «Señor, préstame tu túnica y la lavaré en el río». Es muy posible que muchas de ellas cocinaran, tuvieran conversaciones teológicas, animaran, oraran y consolaran a Jesús y Sus discípulos en múltiples ocasiones. Todos necesitamos una red de apoyo para llevar a cabo la voluntad de Dios en nuestras vidas. Jesús nos modela esto, no solo con Sus discípulos varones, sino con las muchas menciones de las mujeres que lo rodearon y cuidaron.

Vimos tan solo unos ejemplos de lo que encontramos a lo largo del canon: mujeres que fueron usadas por Dios para nutrir a Su pueblo, colaborar de manera estratégica, construir ciudades, consolar y exhortar a líderes varones, sostener económicamente la obra misionera; vemos maestras de teología, portadoras de noticias cruciales, poderosas intercesoras, ministras de alabanza, y mucho más. Las vemos utilizadas por Dios en roles visibles y protagónicos, como sucedió con Débora o Ester. También las vemos en roles sutiles pero cruciales en medio de disyuntivas clave de la Biblia, como fue el caso de Abigail o la mujer sabia sin nombre de 2 de Samuel 20:16-22.

Con toda su humanidad, pecado e imperfección, la mujer no se coloca en una nota al pie en la teología bíblica del ministerio. Podemos decir categóricamente que el servicio, la influencia y el liderazgo de las mujeres que genuinamente aman a Cristo son imprescindibles para el funcionamiento y el éxito de Su iglesia local.

Alejandra Sura

CONCLUSIÓN

C omo Sus caminos y pensamientos son más altos que los nuestros (Isa. 55:8-9), nos corresponde transformar nuestras mentes con la Palabra de Dios (Rom. 12:2) y así alinearnos con lo que Él quiere.

Es interesante observar cómo las cosmovisiones cambian de generación en generación, trayendo como resultado diferentes formas de interpretar los acontecimientos. Algo que en una cultura o cosmovisión sería un elogio podría ser ofensivo en otra. Lo mismo ocurre con los cambios entre distintas generaciones; algo que ha sido aceptado como verdadero por siglos, al pasar el tiempo puede llegar a ser considerado equivocado y, muchas veces, hasta humillante.

Por lo anteriormente expuesto, es tan importante investigar lo que se lee antes de llegar a una conclusión errada. A través de las generaciones, han existido muchos abusos hacia las mujeres y esto ha traído como consecuencia un gran movimiento de rectificación. Y realmente esto es lo que Dios quiere; sin embargo, para tener éxito, debemos hacerlo en una forma que agrade a Dios.

Como mujer cristiana, quiero explicar aquí que Dios no está de acuerdo con las desigualdades ni los abusos y que realmente Su deseo es que no existieran. Sin embargo, para explicar esto, debo comenzar desde los inicios.

Con la creación, al observarlo todo, leemos en Génesis 1:31 que Dios dijo «que era bueno en gran manera». Todo, incluidos Adán y Eva, era bueno. Sin embargo, al ver al hombre solo, Dios exclamó: «No es bueno que el hombre esté solo; le haré una ayuda idónea» (Gén. 2:18).

Mientras estaban viviendo en armonía sin pecado, el mundo era bueno en gran manera. Sin embargo, cuando la serpiente engañó a Eva y ambos, tanto Adán como Eva, desobedecieron a Dios (Gén. 3), el pecado entró en el mundo, y desde entonces, las desigualdades comenzaron. La sentencia dada por Dios a la mujer fue que su deseo iba a ser dominar a su esposo y él tendría dominio sobre ella (Gén. 3:16) y la sentencia para el hombre fue que su trabajo, que hasta este punto era fácil, cambiaría a ser difícil. Entonces, para quitar la disciplina de Dios, es necesario que le obedezcamos y como consecuencia, Él se encargará de resolver las desigualdades (Prov. 16:7).

Con esto, no estoy insinuando que no debemos luchar contra estas desigualdades, sino que la forma en que luchemos debe ser la de Dios (2 Cor. 10:4). Satanás engañó a nuestros primeros padres, y cuando nos mantenemos luchando contra el diseño de Dios, Él no tiene ninguna razón para bendecirnos porque estamos pecando y Satanás nos mantiene cegados y aumenta nuestra frustración y nuestra ira, empeorando las circunstancias.

Dios tiene un número infinito de atributos que quiere demostrar, y lo hace a través de Su creación (Sal. 19). En realidad, solamente los seres humanos fueron creados para representarlo (Gén. 1:27). Aunque fuimos creados en formas diferentes y con roles diferentes, cuando el hombre y la mujer trabajan juntos en armonía, representamos Sus atributos.

Dios tiene todas las características de ambos sexos, pero como Él es infinito y nosotros no, Él creó dos sexos diferentes para demostrar estas distintas características[1]. El hombre lidera y la mujer ayuda.

Antes de interpretar lo que las Escrituras enseñan, debemos recordar que fueron escritas en otra lengua, en otra cultura y hace miles de años, y cuando la interpretamos con los pensamientos del siglo XXI, muchas veces hacemos malas interpretaciones con relación al rol de liderazgo y de ayudador.

Para resumir lo que significa liderar y lo que significa ayudar bíblicamente:

El liderazgo bíblico no es dominar sino servir. Dominar es literalmente la antítesis del liderazgo bíblico y cuando ocurre, es un fallo moral ante los ojos de Dios. Jesús, nuestro modelo por excelencia, nunca ordenó como un dictador, sino que dio el ejemplo mientras mostró Su autoridad. Y la Biblia claramente manda a los hombres a tratar a las mujeres con honor (1 Ped. 3:7). Dios nunca deja pasar los abusos contra las personas que Él ha creado a Su imagen.

---

1. Scheraldi, Catherine y Núñez Miguel, *Revolución sexual: Una mirada bíblica y científica*, Nashville: TN, B&H Español, 2018, cap. 1.

El ayudador, como lo enseña la Biblia, no es alguien inferior ni subordinado como lo interpreta el mundo, sino que es una persona de igual valor, con quien se trabaja en equipo para llevar a cabo un plan. La mujer siempre ha tenido mucho poder, y este debe ser usado para influenciar a aquellos que están a su alrededor.

Aunque los hombres no lo demuestran, ellos tienen sus inseguridades al igual que las mujeres. Necesitan sentirse apreciados y respetados. Cuando esto no sucede, su respuesta es tal que no solamente no estamos representando a Dios sino que la obra de Dios no funciona en la forma armoniosa y efectiva que Dios quiso[2]. Cuando los hombres y las mujeres se ven como rivales o amenazas y no como socios, entonces no se están viendo como alguien que Dios ha provisto para llenar el anhelo que tienen, y este anhelo queda vacío.

A la luz de 1 Timoteo 3, creemos que la función de pastor (anciano, obispo) está reservada para hombres por ordenanza de Dios. Lo que acabamos de afirmar es cierto, no importa si nos referimos a la figura de pastor, anciano u obispo ya que estos tres términos hacen referencia a una misma función, como se puede ver en el siguiente texto de 1 Pedro 5:1-2: «Por tanto, a los ancianos [presbíteros] entre vosotros, exhorto yo, anciano como ellos y testigo de los padecimientos de Cristo, y también participante de la gloria que ha de ser revelada: pastoread [*poimaino*] el rebaño de Dios entre vosotros, velando [*episkopeo*]

---

2. Neuman, Gary, *The Truth about Cheating: Why Men Stray and What You Can Do to Prevent It*, John Wiley and Sons Inc. Hoboken: NJ, 2008.

por él, no por obligación, sino voluntariamente, como quiere Dios; no por la avaricia del dinero, sino con sincero deseo».

Las mujeres pueden ejercer su función en las iglesias como gerentes, líderes, ejecutivas, diaconisas, directoras, coordinadoras y asistentes, siempre bajo el liderazgo pastoral.

Y entonces, ¿qué podemos hacer? Primero, regresar a la Palabra de Dios, pedir perdón cuando no hemos llenado nuestros roles como debe ser y pedir ayuda al Espíritu Santo para ayudarnos a morir a nosotras mismas y vivir para Cristo. Segundo, tanto hombres como mujeres necesitan reconocer y apreciar el valor que cada uno tiene. Somos diferentes, pensamos diferente, realizamos las mismas tareas en formas diferentes y entonces es necesario entender esas diferencias para obrar en equipo, complementándonos el uno al otro y realizando un trabajo mejor, porque cada uno ha aportado lo necesario para la obra completa.[3] En lugar de criticar las diferencias, debemos apreciar y aprender uno del otro.

En la mente de Dios, en términos de valor, no hay diferencia entre el hombre y la mujer, ni pobre o rico, ni ciudadano ni extranjero (Gál. 3:28). Somos los cristianos los que podemos cambiar nuestras culturas obedeciendo a Dios y, como consecuencia, Él cambiará la cultura, una persona a la vez (2 Crón. 7:14). Nosotras seremos bendecidas y nuestro caminar con Cristo será mas estrecho, y Él llenará nuestros corazones supliendo el vacío con el que nacimos.

---

3. Scheraldi, Catherine y Núñez Miguel, *Revolución sexual,* caps. 10-11.

Cristo nos esta diciendo a todas: «Si alguno quiere venir en pos de mí, niéguese a sí mismo, tome su cruz cada día y sígame» (Luc. 9:23). Nuestro deseo pecaminoso es dominar a los hombres (Gén. 3:16) y mientras seguimos así, el vacío permanece. Sin embargo, si reemplazamos este deseo con obediencia a la Palabra, Cristo se manifestará en nosotras (Juan 14:21) y nunca seremos iguales.

¡Bendiciones!